U0695230

名师名校名校长

凝聚名师共识
回应名师关怀
打造名师品牌
培育名师群体

程明遗题

段丽风◎著

我的班级 我的团

中国文联出版社

图书在版编目（CIP）数据

我的班级我的团 / 段丽风著. — 北京：中国文联
出版社，2022.6
ISBN 978-7-5190-4870-9

Ⅰ.①我… Ⅱ.①段… Ⅲ.①小学教育－教育工作
Ⅳ.①G62

中国版本图书馆CIP数据核字（2022）第086858号

著　者　段丽风
责任编辑　刘　旭
责任校对　岳蓝峰
装帧设计　刘贝贝　李　娜

出版发行　中国文联出版社有限公司
社　址　北京市朝阳区农展馆南里10号　　邮编　100125
电　话　010-85923025（发行部）　　010-85923091（总编室）
经　销　全国新华书店等
印　刷　北京四海锦诚印刷技术有限公司

开　本　710毫米×1000毫米　　1/16
印　张　12.75
字　数　186千字
版　次　2022年6月第1版第1次印刷
定　价　58.00元

版权所有·侵权必究
如有印装质量问题，请与本社发行部联系调换

前　言

2018年9月，迎来了我的2018级6班学生，已经有了比较完善的班主任管理经验和语文学科教学经验的我，对这个班级投入了极大的精力。初入学不久，我组织了班级"讲故事比赛"，每个孩子一个故事，学生站在学校多媒体教室的舞台上，都来展示自己。元旦前，全校唯一一个全班同学参演的课本剧《守株待兔》获得了一等奖，孩子们可以是农夫，可以是小兔子，可以是小鸟，可以是大树，也可以是小草……"不放弃每一个孩子"是我的教育信念。整个班级的孩子，在我的带动下，齐头并进，生机勃勃。

很遗憾，寒假归校，省教育厅化解大班额的政策下发，我们所有的学生需要进行重组，实施小班化。于是，2019年3月底，我成了新组的现在的2018级1班的班主任。这个班里一共有42个孩子，和这42个孩子同时相遇的还有2018级2班的42个孩子，我教他们语文。

说实话，接手这个班级我是带着些许情绪的，因为在刚刚过去的一个学期里，我对那个消失了的6班投入了极大的精力。我以为我会带着那些孩子走到六年级，让他们以优异的成绩和各方面和谐发展的能力进入初中。而这些努力，如阳光照耀下的斑斓泡泡一般，瞬间迸裂。在我念着名字，告知他们被分到新班级的时候，就如无力保护自己孩子的妈妈一样，生生地看着自己的孩子被领走。

转身面对着这新接手的42个孩子，来自原来的10个班级。孩子们的学习习惯不同，老师的授课方法不同，班主任的奖惩激励方法也不同。不仅孩子们不适应，我也不适应。

情绪终归是孩子气的东西，我迅速调整自己，用更加热忱的心接纳这批新孩子。不到一周时间，42个孩子的姓名我已记住，性格也已基本了解，总会不自觉地对比新旧两个班级，新班级和刚刚拆离的班级相比：缺少优秀生，多了很多学困生。各类班级干部，我和班级任课教师翻来覆去地筛选，才能勉强全部上任。4月底的期中阶段检测，我们班的成绩位居15个班（化解大班额后本部由原来的10个班分为13个班，设在外校教学部的两个班原地保留）的第13名。

那个阶段，心是焦灼的、沮丧的，而行动上却是积极的、阳光的，因为我一直很喜欢清华附小窦桂梅校长的一句话："学校把整个班级交给你，你就要用整个的身心去做整个的教师。"是的，学校把这个班级交给了我，家长把孩子交给了我，我就要尽力做好。

我依据孩子们平时的表现，对于几个表现不如意的孩子，提前备课，一个一个约其家长到校，了解孩子在家的情况，并把孩子分班以来的表现反馈给家长。经过了解，我发现很多家长的教育思想存在问题，认为学生在学校接受教育，因此学校应当包办学生的一切。但是对于我们教师来说，因为面对的学生较多，无法一一顾及。这种情况就导致家校没有形成教育合力，也就无法提升学生的学习能力以及思想道德等素养；家校共育没有搭建有效的沟通平台，对于教育现状也无法进行实时交流。

针对这种情况，"家校共育联盟"应运而生。家校共育联盟是我拟定的一个新名称，它的前身就是家委会。学校规定每个班级的家委会由五位成员组成，所以有不少希望为班级服务的爱心家长受人数的限制，不能进入这个组织，为班级服务。我的"家校共育联盟"不计人数，只要家长有能力、有精力，自愿为孩子服务、为班级服务均可参加。"有能力、有精力，自愿为孩子服务、为班级服务"，看似很简单的几个小条件，实则是对家长教育观念的一个衡量。参与"家校共育联盟"的家长教育观念先进，他们认同家校共育，对孩子的成长具有清晰的规划。

"家校共育联盟"的成立，把家长和教师两个角色放在了同一条战线上，两者成了同盟，这充分体现了家校共育的和谐。联盟的每一个成员自愿承担并参与班级日常活动：每天的阅读打卡、作业提醒，甚至班里各种活动的组织……其实，只要我们赋予家长一个角色，提供一个参与孩子共同成长的平台，家长们都很乐意在自己孩子面前做一个榜样。

在"家校共育联盟"的带动下，很多家长也逐渐主动改变了角色，他们不仅仅是教育的观看者，还是组织者、参与者。家长的榜样力量激励着孩子们的成长，班级良好的学习氛围给予孩子们茁壮成长的力量，"家校共育联盟"把家庭和班级、学校紧紧地连接到了一起。

"家校共育联盟"虽然带动了学生学习以及班级各种活动的氛围，可还是有部分家长对孩子的教育重视程度不够。

于是"点对点帮助，面对面渗透"成了我实施家校共育的另一个有效策略。而"点对点帮助，面对面渗透"最有效的方式就是组建了多个"快乐之家同学群"。我将全班学生以5人或6人为一组，分为8个小组。每组学生根据成绩、性别、性格特点等进行妥善的搭配，由"家校共育联盟"成员自愿担任组长或副组长。每个同学群在两位组长的带领下，每天进行作业督促、读书分享、育子经验讨论等等；周末和节假日，家长们还可以带着孩子们一起活动。"快乐之家同学群"就是一个以学校为平台的同班同学组成的小家庭。我不存在于任何一个小家庭里，没有了班主任以及其他教师的存在，很多家长也就没有了拘束和压力，但组长成了班级和这个小家庭的纽带。

从"家校共育联盟"和"快乐之家同学群"的互帮互助中，可以感受到：班主任一个人的力量是微小的，要多借助优秀家长的力量，抱团成长。周末和节假日，各个"快乐之家同学群"的活动，我尽量抽时间参加。孩子们在玩中增进友谊，互相学习；我和家长们在聊天式的家访中互相了解孩子在校、在家的表现，积极去寻找他们的"闪光点"；家长们互相取长补短，增长见识，改进自己在教育孩子过程中的不足之处。

2019年5月，平度市首届"班主任论坛"在平度市胜利路小学举行。我们的情景剧《让每颗星星都闪亮》让在座领导和教师耳目一新。我邀请张姿彤和她的妈妈，荣忠智、荣忠硕和他俩的妈妈，刘依辰，樊心玲和我一起参与了表演，情景剧内容也来自我们班的真实生活，再现了"家校携手，托底培优"的和谐场景。

2019年11月，2班的班主任因为身体原因不能担任班主任工作了，领导考虑再三，决定由我兼任2班的班主任。我在惶恐却又坚定中接手了这个班级，成了全市唯一的担任两个低年级班班主任的教师。在我晓之以理、动之以情中，两个班的家长同时发出了"段老师，您忙不过来，我们就来顶上"的口号，两个班级齐头并进。于是，我从1班教室的前门穿梭进2班教室的后门，从2班教室的后门又穿梭进1班教室的前门，没有课间，没有休息。这种脚不沾地的工作持续到了年底，在经过了疫情"停课不停学"的四个月之后，结束了二年级的学习。

2019年12月，经过层层选拔，我成为青岛市名班主任工作室主持人，并于2020年春天组建了工作室，工作室就以我的名字来命名——段丽风名班主任工作室。

新的起点，我以更高的目标要求自己。苏霍姆林斯基说："没有活动就没有教育。"在保证孩子们学科知识成绩优良的同时，我组织了各类活动，让孩子们在活动中拓宽视野，发展能力。如"迎国庆 庆中秋"展演活动、"同学习 共成长"活动、"追寻家乡的红色记忆"活动等等，家长们也倾力相助。

为了让班级优秀家长的育子经验能得到更多的推广，继而让全校、教育集团成员校，甚至全市的家长互相交流、沟通，2020年10月，我组建了"家长宣讲团"，带着成员们走进教育集团成员校，走进其他学校，分享优秀做法，交流家庭教育感悟。

付出总有收获，我的班级在我和家长们的共同努力下蓬勃发展，成了同事们口中的"明星班"。

平度电视台采访我的时候问我："您是怎么成为一名优秀班主任的？"我笑着说："我认为，一个优秀的班集体，不仅仅是因为有一位优秀的班主任，更多的是因为有优秀的家长和一群可爱的孩子，我们互相整合在一起，才互相成就。"

我的班级我的团——我的孩子们和我的家长团，谢谢你们！

2021年4月

目　录

我们的故事

一日为师，终身为父 …………………………………… 3

那个弯身承认错误的孩子 …………………………… 6

小暖男宝宝 ……………………………………………… 9

一个小花篮 ……………………………………………… 11

你俩每天运动打卡吧 ………………………………… 15

那个让我心疼的孩子 ………………………………… 17

是我打碎了你的杯子 ………………………………… 20

一个温暖的举报 ……………………………………… 22

小故事集锦 …………………………………………… 24

　　会飞的钢笔 ………………………………………… 24

　　希望上美术课的佳田 …………………………… 25

　　你今年多少岁 …………………………………… 26

家长宣讲团 …………………………………………… 28

我们的多彩班队活动

日常类班队活动——营造知识的蓝色氛围 ……… 36

　　班级文化建设 ……………………………………… 37

　　培养班级小主人公 ……………………………… 38

　　团结互助的学风 ………………………………… 39

激励竞争机制 ·· 40

节日类班队活动——描绘传统的橙色文化 42

春节践习俗 ·· 43

"浓浓情，深深爱"三八节、母亲节话感恩 ·········· 46

三八妇女节 ·· 47

母亲节 ·· 49

清明追忆先烈 ·· 51

"六一"唱赞歌 ·· 51

端午忆屈原 ·· 55

"国庆""中秋"双节同庆 ·································· 59

学科类班队活动——吮吸语文的绿色力量 64

播下读书种子，静看火树银花——在平度市小学阅读工作推进会上的发言··· 65

走进《天局》 ·· 73

和孩子们一起读《绿野仙踪》 ····························· 75

秋天观赏会 ·· 78

初夏观赏会 ·· 82

"二人三足"游戏 ·· 88

"历史人物事迹"故事会 ·································· 93

我给山区的孩子写封信 ····································· 96

体验类班队活动——探索世界的紫色梦想 ·········· 100

"山水桂林，美丽中华"研学行 ····························· 101

同学习 共成长 ·· 126

走进大田小学 ·· 127

走进长乐小学 ·· 133

做家乡小小代言人——走进平度市档案展览馆 ·········· 142

我是"非遗"传承者——走进平度市陶艺博物馆 ·········· 144

小纳米 大智慧——"青岛院士港纳米综合实践基地"研学小记··· 146

垃圾去哪儿了——走进平度市垃圾处理站 …………………… 148

创城，我们在行动 ……………………………………………… 150

特色类班队活动——追寻家乡的红色记忆 ……………… 152

听革命英雄都基卿奶奶讲革命故事 …………………………… 154

听抗美援朝志愿军刘爷爷讲故事 ……………………………… 157

两次走进刘谦初故居 …………………………………………… 159

走进大泽山抗日战争纪念馆 …………………………………… 164

走进中共平度"一大"旧址 …………………………………… 167

走进中共平度第一个党支部旧址 ……………………………… 170

走进五虎将抗日纪念馆 ………………………………………… 175

走进杨明斋事迹陈列馆 ………………………………………… 178

走进平度市党史馆 ……………………………………………… 180

特殊的班队活动——用爱践行，同心战"疫" ……………… 182

附 录 ………………………………………………………… 184

追寻家乡的红色记忆——"纪念中国人民抗日战争暨世界反法西斯
胜利75周年"主题班会 …………………………………… 184

情景剧《让每颗星星都闪亮》剧本 …………………………… 188

我们的故事

　　2019年春天化解大班额之后，组成了新的2018级1班，新的班级一共42个学生。我把我的孩子们比作星星，42个孩子，42颗星星，他们的家庭，就是不同的星座，这是42颗分布在不同星座的星星。

　　恬静笼罩着巨大的星空，温柔的无声无息。璀璨星空，需要每颗星星的闪耀。在"家校共育联盟"和"快乐之家同学群"两个大星座的帮助下，我用自己的实际行动点亮爱的星光，用一颗心灵去感动42颗心灵，42颗星星开始熠熠生辉。

　　从2019年的42颗星星，到现在的46颗星星，星光越来越亮，我们的班级被同事们称为"明星班"。在和孩子们相处的时间里，有焦灼也有平和，有发狂也有喜悦，有失败也有自豪。但，遇见他们，是我们的缘分。孩子们在一天天成长，我也在一天天收获着希望。

　　星空是浩瀚而充满魅力的，我力求让每个孩子都成为浩瀚星空中闪亮的星星，让每颗星星都闪亮！

一日为师，终身为父

平度市的地方与学校课程要在我们学校举行教研活动，唐田小学的张老师选择我们班的孩子来上公开课，授课的内容为《传统文化》中的"明德"一课。

孩子们穿上了张老师准备的汉服，古韵古色的气息扑面而来。

我坐在台下，一边听张老师讲课，一边观察孩子们的表现。

张姿彤这节课表现得尤为突出，连续举手，平时在课堂上的轻言细语经话筒的放大是那么的娓娓动听。樊心玲也不甘示弱，获得几次发言的机会，全都正确。李兆朔、李佳田、任桐汝的故事讲得绘声绘色，刘依辰的《弟子规》领唱落落大方……我拿着手机，不时拍照，留下孩子们的精彩瞬间。

在课的最后，张老师让孩子们用一句古语来交流自己对"德行"学习的收获，有的孩子引用了本学期我们语文课本中刚学到的关于"过失"的语句："人孰无过？过而能改，善莫大焉。"有的说："过而不改，是为过矣。"有的孩子引用了以前学过的句子，"三人行必有我师"等等。

李兆朔站了起来，他从容自若地说："一日为师，终身为父。"正在做听课笔记的我，瞬间眼眶湿润了，旁边听课的同事连连赞叹，说："你班这个孩子今天最出彩！"其实，其他的孩子回答得都很精彩，可以看出通过这节课，孩子们收获了很多。可是，李兆朔却在众多的关于道德的古语中说出了这一句，可见这句话是经常萦绕在他脑海中的。

这样一句感恩老师的话，由李兆朔说出来，并非偶然。因为他有一个懂

我们的故事

得感恩的妈妈。

她在"家长宣讲团"第一次宣讲时说："一个人遇到好老师是人生的幸运，老师们尽心尽力地把知识教给孩子，作为家长，一定要让孩子尊重老师、喜欢老师，理解掌握老师传授的知识，配合好老师的工作，不能辜负老师们的期望。"

她还说："有一天，他给我讲习作《这儿真美》，他在黑板上认真地写着，说段老师是这样讲的：'……'

我一边看着孩子的书写，一边听他流利地讲着写作过程，知道他把老师讲的都牢牢地记住了。我对他说：'段老师一步一步地教你们怎样写作，一定要好好听。你讲得真好，写作水平一定会越来越好的。''妈，段老师也会教。'孩子真心地说。"

一个简单的学习互动，折现出妈妈对孩子进行的感恩教育。几句对老师的肯定，让孩子产生尊敬老师的共鸣。"亲其师，信其道；尊其师，奉其教；敬其师，效其行。"的确，学生尊重自己的老师，并且信奉老师的教导，才能心悦诚服地接受老师的教育。

我称李兆朔妈妈是我的后勤部长，家长称她为大家的爱心大姐，孩子们称她为李妈妈。

教室里的花儿四季盛开，那是李妈妈为我们准备的；不定期的各种礼物，每个孩子都有，那是李妈妈赠送的；去外面研学，各种食物、水，李妈妈给我们预备好了；雨季来临，李妈妈为孩子们准备了雨伞，孩子们再也不愁突然而至的大雨了；孩子们喜欢读书，李妈妈为孩子们订购了各种图书……李妈妈在"家长宣讲团"走进胜利路小学宣讲时说："我从班级里的一点一滴做起，不让老师为小事操心，让老师有更多的时间去关心、爱护学生，把更多的时间投入到教学中去。我做这一切，不是为了我自己的孩子，而是为了给全班孩子创造一个好的教育环境。大家都想一想：在这么舒心的环境里，咱们的老师是不是工作起来更有劲？我们的孩子是不是会得到更多的发展？"朴实无华的语言，默默无闻地付出，诠释了感恩这个词语，也描绘出了一幅其乐融融的家校和谐图。

在妈妈的影响下，李兆朔也热心帮助老师和班级。我上课批作业，把红笔落在办公室里了，为了不耽误批改，借了孩子一支，第二天，他就给我带来一包红笔；墙报上的大头钉掉落了，我一边寻找，一边说："大头钉怎么都没有了？"下午，他就交给我一盒；他周围的孩子忘带学习用品，他总会把多预备的送给同学，他的书包里总是带着一包口罩，谁的口罩坏了，他就会像变魔术似的掏出一个……

兆朔不仅有一颗感恩的心，在他的努力下，他的成绩一直很优异，他是同学们笔下的"智多星""小书虫"，也是所有孩子赶超的目标。但他不骄不躁，总是谦让着说："同学们都很优秀，我还要继续努力！"

2016年12月12日，习近平主席在会见第一届全国文明家庭代表时的讲话指出："广大家庭都要重言传、重身教，教知识、育品德，身体力行、耳濡目染，帮助孩子扣好人生的第一粒扣子，迈好人生的第一个台阶。"正是兆朔妈妈的言传身教，正是他们一家的好家风，才使得兆朔从小就耳濡目染，形成了优秀的品德。

2021年6月3日

我们的故事

那个弯身承认错误的孩子

期初，教研室到我们学校调研，道德与法治的教研员来听课，选中了我来上课。教研员来听课，展示的应该是公开课的水平。说实话，这几年我主要研究的是语文课，地方与学校课程也获得过青岛市级二等奖，但对于道德与法治课的教学模式，从未进行过正式的教研。不过，期初调研听的是常态课，常态课还是轻轻松松的事情。虽说是常态课，也唯恐给学校丢面子，所以还是尽我所能准备了一下。

我上的是第3课"我很诚实"。课的开始由《狼来了》的故事引出，孩子们对于这个故事都很熟悉，所以话题轻松自然，就一环一环地顺畅进行了。

上到最后，让孩子们谈一谈自己在哪些地方做得不够诚实的时候，孩子们三三两两地开始承认自己撒谎的经历：对父母撒谎的，对老师撒谎的……我都给予了赞许："认识到了错误，以后改正了，还是好孩子！"这时，我注意到了姜宗煜。只见他低着头，手胆怯地露出课桌外一半，似举非举；眼睛一会儿看看我，一会儿又低下。我知道，他有话想说。

我对全班的孩子们说："姜宗煜也有不诚实的经历？我们请他来释放一下吧！"孩子们响起了热烈的掌声。

姜宗煜是我们班的班长。不过，现在被我撤职了。上一学期临近期末，他经常带头破坏纪律，做小动作，成绩逐渐下滑。

有一天，我外出活动了。英语课已经上课很长时间了，他才和曹硕回到教室，赵老师询问原因，曹硕犹犹豫豫地没有回答，他却毫不犹豫地说："谭老师让我们去图书馆拿卷子。"谭老师的办公室在图书馆，图书馆距离我们教室所在的实验楼比较远，回教室晚一点儿情有可原。赵老师没有继续追问，就接着讲课了。

偏偏英语课后，谭老师有事情到教室，先拐到我们办公室等候。赵老师下课一回到办公室，看到谭老师在，就问："姜宗煜和曹硕上节课去你那里拿卷子了？耽误了10多分钟。"

谭老师很疑惑地说："没有呀。我早让杨朔拿回来了。"

赵老师回想起当时曹硕的神情，瞬间明白了，"肯定姜宗煜在撒谎，曹硕什么也没说。"曹硕是个话比较多的调皮男孩，如果真是去拿卷子，肯定会辩解的。

两位老师把他俩叫到了办公室，一见到谭老师也在办公室，曹硕就低下了头，小声说："我在外面玩了。"

姜宗煜还在"抵抗"，"我好像听到有人说让我去拿卷子……"

在两位老师强大的声势下，他勉强承认了错误。

当我听说这件事情后，我把他这一阶段的所有浮躁的变化和他做了一个详谈，决定撤去班长一职，让他进行反思。但我允诺：如果表现好，班长一职随时恢复。听到我的决定，他有点儿难过，但什么也没说，低着头回到了教室。随后，我就这些情况和他妈妈也做了交流沟通，并就促进他回转达成一致意见。

期末考试，他因为英语一道题的审题出错，扣去10分，成绩跌出前十。恰逢疫情，全市提前放假，我没有机会和他面对面分析原因。但听他妈妈说，他反省了自己，做了详细的计划安排。整个寒假，他一直很自律。一直到新学期开始，他还在朝我们期望的方向变化着。

虽然是撤了职的班长，他的威信还是有的。见他有想承认的错误，孩子们都用掌声鼓励他。他低着头，慢吞吞地站了起来，但腰弯弯的，头几乎低到了课桌上，成了一个小虾米。

他用低低的声音说："去年有一天你不在，上课铃声响了，我和曹硕还在校园里玩，还撒谎说是谭老师让我们去拿卷子。被谭老师和赵老师发现了，还因为虚荣心不承认。"

其他孩子主动承认的错误有点儿不疼不痒，但他的这件事情，是真实发生的，而且当时他一直负隅抵抗，现在竟然主动站了起来，我心里很是惊喜，鼓起了掌，孩子们也鼓起了掌。

《左传》有一句名言，"知错能改，善莫大焉。"人孰无过？

我一边说，一边向他走去："我一直在等待你的真诚认错。既然已经认识到自己的错误了，就把你的腰板挺直，做个问心无愧的孩子。希望你继续好好表现，大家都期待你的班长回归，大家说，是不是？"

孩子们都响亮地回应我："是！"

我看到他的腰板真的一下子就挺直了，抬起了头后，让我看到了他脸上绽开的笑容。然后，他如释重负地坐下了。

下课了，教研员给我评课，说："你的这节常态课上得很好，特别是最后一个环节，你们班的小班长从弯着腰承认错误到直起腰板，从体验到感知，认识到了自己的错误，并勇于坦诚，说明这节课完成了目标，达到了效果。"

苏霍姆林斯基说："只有在有良心和羞耻心的良好基础上，人的心灵中才会产生良知。良心，就是无数次发展为体验、感受的知识，正是在它的影响下，必然会派生羞耻心、责任心和事业心。"一棵棵小树苗，总在风雨的洗礼中长大；一个个小孩子，也总在一次次挫折和体验中成长。

后记：小班长经过自己的努力后，恢复原职了。

2021年3月23日

小暖男宝宝

看天气预报说今天会很冷，想到学校会在课间操时间举行每周一次的升国旗仪式，就穿上了最厚最保暖的大羽绒服。

30多分钟的仪式结束后，一个孩子跑到我面前，伸出小手，一边说着："老师，你试试我手凉不凉？"一边把手伸向我缩在羽绒服衣袖中的手中。我握着他的手，夸张地说："哇，好凉呀！来，我给你暖和暖和。"他咧着嘴，朝着我咯咯地笑。

其他孩子看见了，都拽着我的袖子，往我的手中塞手，顿时，我的衣袖成了他们争抢的宝物。

风虽凉，可初冬的蓝天白云相衬，格外地澄净。国旗在风中飘扬着，愈加鲜艳。我们嬉笑着。

小鬼朔钻进了人堆中，扒拉开那伸向我的一只只小手，把我的手拉到他的脖子里："老师，你试试我这里暖和不暖和？"嗯，暖暖的，不仅手暖，心里也暖。

小鬼朔自豪地说："我是个暖宝宝。"

他的确是暖宝宝，个子不高，却是我们班的机灵鬼，我的小助手。

班级里的一切"外交"事务，很快地就得心应手；和每一个同学都能和睦相处，偶尔难过得掉几滴眼泪，也瞬间就烟消云散；学习成绩也是遥遥领先……说起他，每一位老师都跷大拇指。

不好意思把手直接拿出来，我握起手，蜷缩在他的脖子下，说："是啊，你是个暖宝宝，是个暖男宝宝。"

有的孩子也扯起衣领，要来拉我的手，有的孩子在一旁笑着。

"来，小暖宝宝，试试能不能背起我来？"我悄悄地把手拿出来。这个小小的娃立刻挺直了身体，"能！"话音刚落，我故意施力，一下子就把他摁倒在塑胶操场上。

我和孩子们的笑声弥漫操场。

2021年11月22日

一个小花篮

去年暑假的一天，天气很热，阳光毫无遮拦地曝晒着大地。我一直躲在家里不敢出门，透过窗户，能看到外面的树叶一动不动，阳光透过树叶的缝隙，洒落在地上点点光影。知了也有点儿乏，赛歌会没有成功。

临近中午了，我正在家做饭，听到手机铃声。佳欣妈妈在电话里说："段老师，佳欣一会儿要给你送一个礼物。"我赶紧推辞，"礼物"这个词太敏感了。

佳欣妈妈见我推辞，说："段老师，这个礼物是佳欣要送给您的，和我没有关系。"

和家长没关系，那或许是孩子的手工礼物？可是这么热的天，我还是不忍心。

佳欣妈妈感觉出我的婉拒，又对我说："段老师，这是孩子的心意，我们要接受孩子的谢意。"

这句话说得我无言以对。尼采说："感恩是灵魂上的健康。"孩子有一颗感恩的心，就能发现生活中的美好，也会加倍珍惜生活。佳欣的妈妈珍惜孩子表达谢意的机会，并支持孩子表达谢意，正是在有意识地引导孩子学会感恩，我怎能不配合？从书柜里找出两本适合女孩儿阅读的书，我拿着书就下了楼。

外面果然骄阳似火，我躲在楼下的阴凉处。一会儿，佳欣妈妈就骑着电动车载着佳欣来到了楼下。我远远就迎上去，看见佳欣的手里提着一个小花

我们的故事

篮。不是节日，也不是什么纪念日，为什么给我送花呢？

佳欣看见我，把花举起来，红着脸，羞怯地说："段老师，今天我去学插花了，我把我学插花的第一个小花篮送给您，感谢您对我的帮助。"

我瞬间眼眶盈满了泪，忍着将要滚落的泪珠，我摇摇头说："佳欣，第一束花应该送给妈妈的，妈妈对你帮助是最大的。"

"段老师，平时我也给妈妈送礼物，给她做贺卡，帮妈妈做事情。我觉得这个小花篮，最应该送给您。"孩子擎着小花篮，还在坚持。

"段老师，孩子的心意，您就接受吧！"佳欣妈妈也在旁边劝我。

我接过花篮，抱了抱佳欣，把我准备的两本书送给孩子。此时，坦然接受是最好的方法。

其实佳欣是一个比较内向，而且不是特别自信的孩子，这和她的妈妈有关。在以前的家访中我了解到，她的妈妈是广西桂林人，远嫁我们山东，在平度没有一个亲朋好友。在佳欣小的时候，爸爸忙着做生意，都是妈妈一人养育她。所以，佳欣和妈妈一样，说着一口浓郁的广西话，也没有什么朋友。接手新班没多长时间，我就发现了佳欣的缺点。在和佳欣妈妈进行了多次谈话后，佳欣妈妈首批自愿加入我们班的"家校共育联盟"，主动承担了组长的职责。2017年的端午节，她组织本组的孩子们到她家一起包粽子、煮粽子；2020年的"迎国庆 庆中秋"展演活动中，她协调佳欣的散打教练，为本组成员编排了武术《武魂》，一招一式，震撼了在场的领导和老师们。

如今，佳欣变得越来越开朗、自信。佳欣妈妈也和班级的许多家长成了好朋友。今年，"家长宣讲团"走进长乐小学，她进行了分享：
尊敬的老师们，亲爱的家长们：

下午好，我是开发区小学三年级一班刘佳欣的妈妈。今天，我很荣幸能站在这里跟大家分享一下我在陪孩子学习过程中的一些心得体会。

我来自广西桂林，从小是在大山里长大的，我们那边的教育相对于这边而言有点落后。我们那里的孩子好多都是留守儿童，放学回来就要帮家里干农活，家长从来不过问我们的学习。这种教育方式也影响了我，所以，在一开始，我也认为：孩子的学习就是她自己的事，我只要负责拿钱就可以了，从来没有想过去帮助孩子。

直到我女儿遇到了段老师和我们班优秀的家长们，是她们影响了我，让我知道了家庭教育多么的重要。

在孩子刚上小学的时候，我特别焦虑：孩子成绩很不好，一直在后面；每天晚上看孩子写作业不认真，坐不住，写到很晚，我就火冒三丈忍不住对她大吼大叫。在我很无助的时候，我就去找段老师沟通，把孩子在家里的学习情况告诉了段老师，段老师听完后就耐心地安慰我，引导我说："你的焦虑情绪会直接影响孩子，久而久之，孩子也会变得很急躁，今天你对她这样吼，明天她就会对别人吼，大一点还会叛逆，孩子现在还小，她没有力量与大人对抗，等她有一天长大了，一定会跟你反抗的。久了孩子还会内向和自卑，我们做父母的完全可以有情绪，但是不要在情绪当中去解决问题，千万不要把发泄当作对孩子的管教，教育孩子的第一步就是先要学会管理好自己的情绪。"等等。

听完段老师的话，我认识到了焦虑对孩子造成的伤害，从那开始，我就买了一些书来看，如：《情绪管理》《正面管教》《跟自己的孩子聊得来》等。我经营着一个小店铺，白天等孩子上学后，经常在店里一边工作，一边听一些教育直播课。私底下，我也会经常请教我们班优秀家长，向她们取取经。我相信优秀孩子的背后肯定有一位甚至两位默默付出的家长。

一次一次的学习后我改变了，变得有耐心了，不会再一遍一遍地催促孩子，而是在一边耐心地陪伴她，引导她，帮助她，现在孩子也变得开朗了。每天放学回来，我用一个定时器，让她自己先做好规划：先做什么作业，大概需要多少分钟。时间到了我就进去收作业，如果当天提前了几分钟，我就会表扬她，让她有一种成就感。这样良性循环，孩子就更自觉去学习了，比之前写作业也要快多了，也提高了孩子的时间管理能力。好习惯养成了，成绩自然就慢慢地提高了。

孩子其实就是一面镜子，让我认识到自己的缺点，以前总想着改变孩子，其实需要改变的是我自己。自我反省后，不断学习成长，以身作则，带着

我们的故事

好心情去陪伴孩子，而不是遇到问题就冲孩子发泄情绪。开心才能开智，我们要相信孩子，给予孩子爱和力量，我现在每天都会去关注孩子的优点和进步，并给予她鼓励和肯定，我也愿意陪孩子一起学习进步。

真心感谢段老师，您不仅是孩子们的老师，更是我们这些家长们的导师。在我们教育孩子的过程中，遇到困难，心情焦虑时，段老师都会帮我们支招，指引方向。

的确，改变孩子首先要改变父母。2016年12月12日，习近平总书记在会见第一届全国文明家庭代表时的讲话中指出："家庭是人生的第一个课堂，父母是孩子的第一任老师。孩子们从牙牙学语起就开始接受家教，有什么样的家教，就有什么样的人。家庭教育涉及很多方面，但最重要的是品德教育，是如何做人的教育。也就是古人说的'爱子，教之以义方'，'爱之不以道，适所以害之也'。青少年是家庭的未来和希望，更是国家的未来和希望。古人都知道，养不教，父之过。家长应该担负起教育后代的责任。家长特别是父母对子女的影响很大，往往可以影响一个人的一生。"

很欣慰的是，我们班的家长们在"家校共育联盟"的感召下，都非常重视家庭教育，这也是一位班主任的幸福吧！

2021年4月9日

你俩每天运动打卡吧

暑假前的家长会后，张家泽的妈妈没有随着人群离开。等到教室里只有我自己时，她走到我眼前，忍不住哭起来，由低声抽泣到哭出了声音，"段老师，我不知道怎么办了，张家泽从三年级就开始叛逆，在家总和我顶嘴，我也听了您的话，不像以前那么揍他了。可他还是不听话，我怕我控制不住我自己要揍他，就送他去了托福，一月3000多块钱，可是成绩一降再降……"我递给她一张面巾纸，拍着她的后背，安慰着她："假期里，先别管他学习了，先缓和一下母子关系。明天下午，你有没有时间？"见她点头，我又接着说："那我约几位同学到公园玩，你带着孩子也去，我找机会和他谈一谈。"

第二天上午，我以练习跳长绳为由，邀请部分家长和孩子们来到公园。学校后面的公园是一个开放性的公园，这几年，平度市政府大力整治环境，改造围山河周围区域，打造了以围山河为主要观景区的公益公园。前有清清的围山河流淌，后有各种花草树木的争奇斗艳，再加上形形色色的或打太极，或唱吕剧，或跳广场舞，或打篮球、踢足球的人们，整个公园由东及西处处洋溢着蓬蓬勃勃的生机。

傍晚，家长和孩子们陆续来到公园的运动场。刘益硕妈妈和尹麒杰妈妈各带来了一根跳绳。家长们摇起了长绳，孩子们顶着盛夏傍晚的余热跳了起来。杨朔、刘金涝、尹麒杰、任桐汝，这几个孩子原本就是班级的跳绳运动员，看见绳子摇了起来，就敏捷地钻了进去，又钻了出来。李兆朔、刘依辰、张姿彤、张家泽等几个孩子，站在绳外，探头、缩头，就是不敢往绳里跳。我和家长有的鼓励，有的喊着口令，有的跟着绳的节奏用手往里推，慢慢地，孩子们都会跳了，都露出了自信的笑容，就连胖胖的张家泽也一来一去地灵活地跳起了个"8"字。

在休息的空隙，我看到张家泽坐在排椅上，就走了过去，假装也休息，不着痕迹地和他谈了起来，他承认自己情绪的不稳定，也没有理解妈妈的苦心。我没有批评他，只是告诉他，"妈妈以前经常惩罚你，她知道错了。她想改变自己，她做一个民主的妈妈，希望你做一个自律的孩子。你们俩互相进步，能做到吗？"他点点头，我拍了拍他的肩头，表示对他的信任。我又把我们班的学霸李兆朔喊了过来，让李兆朔给他传授学习经验，我还故意问李兆朔："你有没有觉得妈妈管你的时候很烦？不想听？"李兆朔回答："妈妈管我都是为了我好，我总能在妈妈的提醒下及时改正。"这一问一答，看似是我和李兆朔的对话，实际上都是说给张家泽听。

他的妈妈站在远处和其他的家长聊着天，我注意到，她的眼神儿偶尔会瞟到我们这儿，我及时地停下了和张家泽的谈话，对着她喊："家泽妈妈，你过来，我给你布置个任务。"

没谈学习，没谈亲子关系，我对他俩说："你俩每天运动打卡吧！"和他俩约定，每天要一起运动打卡。打卡照片有两张，一张是妈妈给孩子照，一张是孩子给妈妈拍的，发到朋友圈，我每天都会检查。

从那天开始，他俩的运动打卡风雨无阻地坚持了下来，经常会在朋友圈看到他们两个大汗淋漓的模样。

有句教育名言说："父母要想培养孩子一个健康的人格，就一定要营造一个轻松和睦的家庭。"一个小小的打卡任务，不仅仅是运动能力的发展，还是修复亲子关系的一个渠道。

2021年7月21日

那个让我心疼的孩子

三月均衡分班之后的第一周，我就发现了我从教二十多年来第一个让我惊诧的孩子——轩轩。因为他个子矮，所以座位安排在第一排。每次课前进教室，首先映入眼帘的都是他空空的座位和满地的杂乱：书包、书本、铅笔盒、奶盒……然后，铃声响完之后，他才满头大汗地毫无顾忌地跑进教室。刚开始，我让他自己捡起来，整理整齐。然而，这个方法只能维持一节课，课后，又会变成一片狼藉。

接班后的第三天，我赋予了他同位一个权力——"轩轩监督员"：全权负责他的卫生、课间乱跑、上课迟到现象。刚上任的小姑娘很负责，第一个课间之后，就委屈地向我汇报："段老师，轩轩一下课就跑出去了，都找不到他。地上的东西我自己帮他收拾的。"我问他课间去哪里了，他理直气壮地说："上厕所了。"看他满头的汗水，我没有揭穿他的谎言，又加封了他后面一个小男孩——"轩轩课间监督员"，负责课间监督。果然，在两位监督员的努力下，地上的东西慢慢地变少，他也能及时回到教室上课了。我利用班级的"星星榜"及时给予了加星表扬。

在这同时，我还发现了他上课学习习惯的缺点：坐不住，听课容易走神，写字潦草等等。

一周之后，我决定见他的家长，我和他妈妈约在学校的大厅见面。大厅里靠墙有一排蓝色的排椅，头顶的天花板上是蓝色的星空。孩子们上课时，这里很安静，就如蓝色的星空一般。他的妈妈见到我之后，露出很难为情的神色，对我说："段老师，真不好意思，给您添麻烦了。"我赶紧表明这次谈话的意义，"今天约你来，不是批评孩子，也不是批评你，就是了解一下孩子的情况，有问题的话我们共同解决。"然后，我表扬了轩轩的进步，也就是他的两个课下习惯。最后点出问题："既然孩子能在短时间改正你都认为是很难的习惯，说明不是他的问题，而是你从小没有给他养成一个好的习惯。"第一次见面，大概因为刚分班，对我还不熟悉，他妈妈很拘谨。但是她依然很坦诚她孩子的好动，各种习惯养成不好。然后对我表决心：一定配合我的工作，回家在各方面严格要求。

两个月下来，在我和同学们以及他妈妈的共同努力下，轩轩能逐渐克制自己了：上课不下位了；能做完当堂作业了……这些进步，我看在眼里，喜在心里，并毫不吝啬我的表扬。

转眼期末复习了。有一天上午的测验，轩轩竟然考到了90多分，我喜出望外，给他发了一张喜报，并奖了他一个礼物。趁热打铁，我约他妈妈下午放学后在学校见面。这是第三次见面，中间经历了一次家长会。第一次的面对面家访主题是找问题，寻方法。这一次的主题则是促发展。

轩轩妈妈是喜滋滋地来的学校，我也是满面笑容。还未等我开口，他妈妈就向我表示感谢，说孩子的各种进步。我笑着对她说："据我观察，孩子很聪明，在老师的赏识中积极向上。但需要你和孩子父亲配合我们老师，家庭教育要和我们在学校教育一样，多关注，多赏识，多帮助。"几个月的接触，轩轩妈妈感受到了我对孩子的真诚，她也敞开了心扉，和我主动交谈：她带孩子去青岛检查过，轩轩有多动症；她和轩轩爸爸从孩子小时候就经常争吵，孩子爸爸现在在青岛工作，基本不关心家里的事，孩子更是不管不问，平时都是她自己在平度带着孩子。面对这个无助的妈妈，我瞬间心疼这个孩子，并感到了作为一名教师的重要：此时此刻，她多么想获得我的帮助。我给她打气，鼓励她和孩子父亲畅谈，为了孩子共同努力；向她表扬孩子的各种进步，让她看到生活的希望。最后，我鼓励她有问题找我，我做她坚实的支持者。

从那之后，她把孩子每天回家写作业、收拾房间的视频或照片都发给我，我也及时给她回复，偶尔还会发语音给轩轩，鼓励他加油。经过一个月的努力，在期末考试中，轩轩语文获得了99分。

2019年7月

我们的故事

是我打碎了你的杯子

早晨一进门，孩子们已经有序地开始晨读了。卫生委员彭子迅走了过来，对我说："老师，你的杯子昨天晚上不知道被谁打碎了，我们已经把垃圾给清理掉了。"

"被谁打碎了？难道昨天晚上门窗没有关好，被风吹到地上打碎了吗？"正在疑惑间，大轩从后面跑了过来，举起手里的一个东西，跟我说："段老师，对不起，昨天晚上我不小心把你的杯子打碎了，我和妈妈一起去商店给你买了一个杯子。"

听完他说的话，我心里感到很吃惊，因为他经常控制不住自己的情绪，常常会因为一点点很小的摩擦就会上手上脚，所以班里的很多孩子都对他敬而远之。课堂纪律、课堂作业、家庭作业，对于他来说都是遥不可及的事情，所以他也是我们班所有任课老师最头疼的一个孩子。然而，就是这样的一个孩子，他却在别人都没有发现他打碎我的杯子的情况下，主动跟我承认了错误。

我拍拍他的肩膀，笑着说："大轩，我真高兴，你能承认错误，你今天真让我感到惊喜。"

然后我带着他走到教室中间，面向全体同学说："孩子们，看：昨天大轩打碎了我的杯子，在我们全班同学都不知道的情况下，他今天早晨主动承认了错误，大家说他昨天犯的这个错，我们可不可以原谅他呢？"

孩子们异口同声地说："可以！"

"为什么呢？"我问。

有的孩子说因为他知道主动承认错误，那么犯下的错，我们就可以不算他犯错；还有的孩子主动为他鼓掌。

这时候的大轩，不好意思地低着头，但是脸上却挂着满满的笑意。

我把杯子还给了他，告诉他："知道改错我就已经很高兴了，也就不需要再赔我杯子了。"然后又奖励他一颗小奖章。

第一节课是我的语文课，这一节课他一直端端正正地坐着，眼睛瞪得大大的，一直在认真地听课。

苏霍姆林斯基说："教育技巧的全部诀窍就在于抓住儿童的这种上进心，这种道德上的自勉。要是儿童自我不求上进，不知自勉，任何教育者就都不能在他的身上培养出好的品质。可是仅有在团体和教师首先看到儿童优点的那些地方，儿童才会产生上进心。"的确，每个孩子都是天使，我们只要善于发现孩子身上的闪光点，才能让那些我们所谓的问题生发生改变。

后记：大轩现在已经能控制自己的情绪了，而且成了班里的卫生工具管理员，很负责哦。

2021年4月2日

一个温暖的举报

正在路上开车，手机微信"嘀嘀"两声，发来了信息。趁着等红灯的当儿打开手机，是外校的一位同行发的信息，先是两张照片，然后是三段文字。

第一段文字让我瞬间警觉："段老师，我必须举报您的学生。""我班的孩子在外面惹麻烦了吗？什么麻烦让人家告状告到我这里？"一边想，一边略过照片，仔细向下看。这一看，却看得我心花怒放，在心里暗暗竖起了大拇指。

第二段文字是这样的："大家都在大泽山网红小瀑布这儿玩，您的学生找个袋子洗干净了捡拾垃圾。"大泽山钓鱼台小瀑布是我们平度人民的网红打卡地，钓鱼台是一处由高而低、落差不大的水台。水台上面有一个小湖泊，每到夏天雨季到来时，大泽山上的雨水和泉水混涌而至，溢满湖泊，在钓鱼台这里垂挂出一幅极美的白练。水花迸溅，洒落在身上，给炎炎烈日增添几分凉爽。从钓鱼台涌下的水，顺着地势，弯弯曲曲地向下方流去，水不深，却很清澈。这一河一瀑布，吸引了因疫情无法出去游玩的平度人民，他们带着孩子，拿着零食，捎着玩具，来到这大山之间的避暑胜地尽情欢乐。而我的学生，却充当了环境保护者，这真值得表扬。

把照片放大，一个身穿蓝白相间T恤衫的小男孩正蹲在水边的石头上捡拾垃圾，一手提着一个白色的塑料袋，这或许就是同行所说的洗干净了的袋子吧，另一只手，刚从水边捡起一个绿色的食品包装袋，我认识那个包装袋，是

"妙脆角"的。他的身旁空无一人，而他却做得很专心。

他，是刘益硕。

苏霍姆林斯基说过："在人的心灵深处都有一种根深蒂固的需要，这就是希望自己是一个发现者、研究者、探索者。而在儿童的精神世界里，这种需要特别强烈。"今年期末的"争奖杯"活动，激发了刘益硕的这种探索欲。在整个过程中，他积极参与，去努力发现，认真学习，亲身感受到了成功的愉悦。这种愉悦感强化了他对其他活动的参与热情，这无疑又是积极意识的驱动力。

在他的带领下，第二张照片则出现了一位小小同行者。我的那位同行引导她的孩子也和刘益硕一起，加入到捡拾垃圾的队伍中。不能算队伍，因为只有两个人。但我相信，以后，肯定会是一支队伍，一支长长的队伍。

第三段文字，是赞扬词，"为这样的孩子点赞，为培养优秀的全面发展的老师点赞"。第一句话我很认同，第二句话虽有点儿沾沾自喜，却让我更加明白身上的担子有多重：教育，不仅仅是教知识，还要教做人。

2021年8月8日

小故事集锦

高尔基说："谁爱孩子，孩子就爱谁。只有爱孩子的人，他才可以教育孩子。"教育不仅仅是知识传授，而且是心与心的交流。分享几个和孩子们之间的小故事：

会飞的钢笔

今天校长带着教体局领导到我班听课，孩子们都很乖，就连平时坐不住的几个调皮的娃也一反常态。

第二节课回到教室，我趁热打铁："上一节课你们表现得都很好，校长表扬你们啦！尤其是于子轩和徐明轩，以后能不能继续保持这样？"孩子们都纷纷点头。

这时，刘依辰站起来，举着一支钢笔说："段老师，不知道从哪里飞过来一支钢笔。"

会"飞"的钢笔？我不禁笑了，"呀，咱班还有会飞的钢笔？"心里想：肯定是哪个孩子手里掰扯两支笔，不小心蹦走了一支。

孩子们也哈哈大笑起来，笑得比往日更肆无忌惮。这群机灵鬼！

我拿过钢笔，装作无知地笑着问："这是从哪里飞出来的钢笔呢？我好想也得到一支会飞的钢笔啊。"

庞钧方讪讪地站了起来："我不小心把钢笔蹦走了。"我没有批评他，给他把钢笔放在课桌上，示意他坐下。

李佳田又站了起来："老师，我刚才下课的时候钢笔就放在桌子上，回来就找不到了。"

"你的钢笔又会飞到哪里去了呢？会不会飞到地上？别人的桌子上？或者飞到咧着嘴的书包里呢？"随着我的提示，孩子们一边笑着，一边在各自的周围找。

果然，不远处，一个孩子寻到了一支钢笔，"是不是这支？在地上找到的！"

"是，是！谢谢！"李佳田欢喜地应着。

"看，孩子们。有时候，我们的学习用品不小心会飞到别的地方去，我们要先到教室前面大声问问，让同学们找一找，就能找到。这些会飞的东西肯定不是被别人故意拿走的，对不对？"

孩子们笑着说："对！"

2020年12月23日

希望上美术课的佳田

本周的第一节美术课因为美术老师学习而上了英语课，孩子们很是惋惜，说材料准备了半个月了。（后来经过考证，此言甚是夸张）

今天第四节课又是美术课，我赶在美术老师前进入教室。卡纸，剪刀已在课桌摆好。

我故意问："这节是什么课？"

孩子们不知我葫芦里卖的什么药，开心地喊："美术！"

我们的故事

我一下子不知道说什么能让他们显现出对美术课的极度欢迎，只好笑着说："这节我给你们上吧。"

有个别孩子一愣，但有的孩子很是纯真，说："好啊，好啊，你给我们上美术课吧！"

我话锋一转，"我上就得上语文啊。"一边说，一边打量孩子们的表情。

果然，有的孩子刚才的笑容凝滞了，几个机灵鬼说："段老师上吧，我们就爱上语文课。"

佳田低声说："我们上一节课就没上……"

我笑了起来："我才不给你们上美术课呢，我的嗓子都快哑了。"

佳田指着我，只说了俩字："你，你……"

我笑得声音更大了，"我来试探你们呢，都中了我的圈套了。"

瞬间，教室里一片笑声。

这几天又是夏季体育节，又是六一节目排练，又是复习功课的，给自己和孩子们放松一下。

2021年5月27日

你今年多少岁

疫情返校的第一天，课间尤其地忙碌。我在教室里整理刚收起来的各种表格，曹硕走过来亲热地问："段老师，你今年多少岁？"

"你猜呢。"为了开学，我刚染了头发，一根白发也没有。几个月的只吃不动，丰腴了六七斤，脸上的皱纹浅了许多。

"六十多岁吧。"天真无邪的笑脸看着我，想得到我的肯定。

我的心瞬间哇凉哇凉的，佯装很难过（就是很难过）："我有那么老了？"

站在他旁边的段舒心急忙救场："段老师哪有那么老，也就五十多岁。"这刀补的。

　　我放下手中忙活的活儿，用手推着他俩，笑着说："去，去，去，我生气了。"

　　他俩哈哈笑着走开了。

2020年6月14日

家长宣讲团

2021 年4月，我有幸成为青岛市家庭教育志愿者。2021年3月，当我在"学习强国"中看到《习近平关于注重家庭家教家风建设论述摘编》即将发行的消息，就委托新华书店的朋友为工作室的成员每人预订了一本。4月7日，当拿到那本薄薄的，却荟萃了"家庭家教家风建设"精华论断的书籍时，我如饥似渴地读了起来，并进行了密密麻麻的标注。这本书，为我指导家长的家庭教育提供了有力的依据；这本书，让我认识到给家长普及家庭教育的重要性。

5月6日，我接到了平度市东阁街道办事处胜利路小学的邀约，经讨论，定于6月8日为他们学校三年级的家长们讲一讲家庭教育。再三斟酌，我决定还是以我们班级的特色——"家校共育"为主题，我从教师角度讲家庭和家长在教育中的定位，家长宣讲团从家长角度讲家校共育。

我的"家长宣讲团"成立于2020年12月，成立的宗旨是以全班家长为中坚力量，向班级、学校乃至其他兄弟学校宣传家校共育，分享育子经验。成立之初，我随机调研了几位家长，毕竟，这是家长分外之事，需要有一定的闲暇时间。没想到，家长们都很支持我的决议，有的说："段老师，您放心，我们一定尽量抽时间听候您的调遣。"有的说："段老师，40多个家长，这个有事，另一个上，肯定不会耽误事情。"等等。

12月10日，家长宣讲团第一次亮相"平度经济开发区小学教育集团班主任工作室"。杨朔爸爸、张姿彤妈妈、李兆朔妈妈、李贞慧妈妈、郭家祎妈妈和徐明轩妈妈进行了宣讲。张姿彤妈妈担任宣讲主持人。杨朔爸爸的"孩子的事就是大事"获得了与会领导和老师们的热烈的掌声；李兆朔妈妈从语文、数学、英语和科学四门课程的辅导入手，分享了她帮助孩子养成良好习惯的方法，她耐心地关注孩子，帮助孩子养成良好的学习习惯让在座的家长纷纷反思自我；郭家祎妈妈主要讲了父亲在亲子关系中的重要性；李贞慧妈妈用她周围的三个事例强调了家庭教育需要严格管理；徐明轩妈妈几度哽咽地分享了她对孩子的不放弃，鼓励大家正视孩子出现的问题。

第一次亮相，绽放了不一样的风采；第一次分享，激起了"家校共育"互利互赢的决心。

随后，2021年的3月19日和4月9日，"家长宣讲团"又跟随班级的"同学习 共成长"活动走进大田小学和长乐小学。

在大田小学的活动中，任桐汝妈妈作为新成员参与了活动，她从家校共育方面进行了分享。张姿彤妈妈、李兆朔妈妈、李贞慧妈妈和郭家祎妈妈第二次参与了宣讲。

在长乐小学的活动中，方艺昕妈妈和刘佳欣妈妈第一次参与了活动，方艺昕是去年刚转入我们班级的，艺昕妈妈从转入我们班级的感受说起，谈了我们班的家校共育对她的感召；刘佳欣的妈妈来自广西，她从她家乡和山东不同的教育观念来谈对孩子教育的关注程度，勉励自己要多学习，多向优秀家长靠拢。张姿彤妈妈、杨朔爸爸、李兆朔妈妈第三次参与了宣讲。尤为我津津乐道的是，在这次活动中，李兆朔妈妈收获了一个粉丝——长乐小学的一名家长。那位家长主动加了李兆朔妈妈的微信，互相交流育子心得。

宣讲团成员的选择，本着"以旧带新，全员参与"的原则。而每一次宣讲，每一个参与的成员，不仅是新成员，还是多次参与活动的老成员，都会认真备课，准备发言材料。但毋庸置疑的是，成员们宣讲的都是事实，都是亲身参与家校共育活动的经验和体会。

本次胜利路小学的活动也是如此。

考虑到宣讲成员的新老搭配，以及本次活动的重要性，我拟定了本次参

我们的故事

与活动的人员名单，分别是：张姿彤妈妈、杨朔爸爸、李兆朔妈妈、方艺昕妈妈和刘依辰妈妈。张姿彤妈妈是宣讲团的金牌主持，杨朔爸爸是宣讲团的团长，李兆朔妈妈是宣讲团的灵魂，方艺昕妈妈代表的是新参与"家校共育"活动的家长，刘依辰妈妈则是这次宣讲的新成员，但孩子在班级一直表现优秀。

当我打电话联系他们，说出活动的时间和宣讲内容后，每个人都痛快地应允了下来。尤其是杨朔爸爸，活动时间正逢女儿高考，他还是抛下自己的事情，来参与活动。

几天的时间，他们的宣讲内容就都已经认真地写好，并发给我审阅。他们踏实、精益求精的精神让我也对我的讲座内容反复修改，直到认为无暇。

6月8日，天气就毫无预兆地热了起来，阳光火辣辣地直晒着，树叶一动不动。前几天还在庆幸这个初夏的凉爽，赞叹这个初夏的天高云淡，突然而至的热让大家有点儿措手不及。但，成员们还是冒着酷暑先在学校做了简单的交流，就奔赴了胜利路小学。

胜利路小学的领导热情地接待了我们。

会场是我们熟悉的会场，2019年5月，我曾带领几名家长和孩子在这里表演了情景剧《让每一颗星星都闪亮》，张姿彤妈妈就是其中的一位表演嘉宾。

我先引经据典，结合实例地进行了分享，就把舞台交给了家长宣讲团。当看到他们坐在台上侃侃而谈，我满心的自豪：他们，在一次次的宣讲中，不仅向大家分享自己的想法和做法，也更加激发了他们参与家校共育的热情。

老成员在原有内容的基础之上做了稍微的修改，新成员刘依辰妈妈则从两个事例分享了"学习上的自信"和"生活中的离家出走"，告诉在座的家长们"想要教育好孩子，家长和老师之间的沟通是必不可少的。我们平时向老师了解孩子在学校的情况，也及时把孩子在家的表现告诉老师，达到共同教育的目的"。

苏霍姆林斯基说："两个教育者——学校和家庭，不仅要一致行动，要向孩子提出同样的要求，而且要志同道合，抱着一致的信念，始终从同一原则出发，无论在教育的目的上、过程上，还是手段上，都不要发生分歧。"

我们的家长宣讲团就在传达着这一个信息。

2021年8月20日平度市"家庭教育志愿服务"公益讲座的家长宣讲团成员，从左至右依次为：李兆朔妈妈、刘依辰妈妈、张姿彤妈妈、方艺昕妈妈、姜宗煜妈妈

2021年6月8日

我们的故事

我们的多彩班队活动

　　我喜欢读书，但却不喜欢读外国书，因为外国那冗长的名字，我总是傻傻分不清楚。所以，《第56号教室的奇迹》这本书虽然早就被诸多教育专家们礼赞，我却依然不感兴趣。成立了工作室，非常渴望用专业的理论来武装自己，摆在书架上的这本书就成了我的首选。

　　翻开目录，就很吸引我。这本书和其他的教育书籍不一样，呈现给我的不是一些枯燥的理论框架，而是富有情感的种种小标题，还有一名语文教师喜欢的阅读、写作等等，这瞬间就吸引了我。

　　雷夫说："我要我的学生爱上阅读。"为了这个目标，他挑选合适的文学作品介绍给学生。因为他认为：孩子的阅读离不开大人的指导。他分层指导学生读书，正面引导那些不会阅读的学生；他还创办一些读书会，利用舞台剧的方式让学生来理解作品……他的教室成了莎士比亚教室。我们的教室也有很多书籍，是爱心妈妈们赠送的，我在阅读中也做了很多工作，却没有像雷夫这样做到极致，能让每一个孩子都喜欢上阅读——这也是我的目标。

　　雷夫为他的56号教室安排了各种工种，孩子们会在开学的第一天申请一份工作：教室管理员、银行职员、办公室信差、警官等，每一份工作有不同的薪资。每个月的月底，孩子们会根据他们一个月得到的报酬来开一场拍卖会，竞买文具用品和礼券。他的这种经济制度和我们的班级的量化制度基本是一致的，但却有许多不同的地方，譬如岗位的名衔，我想：这些名衔应该是孩子们喜欢的，我也要试一试。

　　雷夫在他的教室里创造了奇迹。我也想让我的孩子们在教室里画一幅大卫·霍克尼的自画像，做美丽的线绳艺术作品，还有马蒂斯剪纸贴画……即使没有奇迹，也会有收获。

　　我把我们班的班队活动比喻成一幅彩色的画，我勾勒轮廓，家长们和孩子们把这幅画描绘成彩色。

　　我说的是班队活动，而不是班级活动。依我拙见，班级活动可以指幼儿园的活动，也可以是小学的，当然也可以是中学乃至大学的。只要是在班级这个集体中实施的活动统称班级活动。而班队活动指的是以少先队员和中队辅导员为主要对象的班级活动，它是由特定的人员组成的。在班队活动中，中队辅导员借助少先队这个组织，对少先队员进行一系列德育活动。

苏霍姆林斯基说："一个无任何特色的教师，他教育的学生不会有任何特色。"我努力做一名优秀的教师，我也努力成为一名有特色的教师。于是，我在我的教室里播撒温情，播撒阳光，利用种种活动，让孩子们收获希望。

我们的班队活动是五彩缤纷的，也可以说是五彩斑斓的：日常类的班队活动是蓝色的，节日类的班队活动是橙色的，学科类的班队活动是绿色的，体验类的班队活动是紫色的。我们的班队活动也有自己的特色，我们的特色类班队活动是红色的。当然，还有班主任工作少不了的班会活动，那是所有活动的调色盘，笔在我手中，颜色让孩子们涂抹，孩子们齐心协力描绘出来的画自然会是精彩纷呈的。

图片为2021年7月28日参观平度市蓼兰镇五虎将纪念馆时拍摄

我们的多彩班队活动

日常类班队活动——营造知识的
蓝色氛围

蓝色，是大海的颜色，是广阔的象征。而知识就是浩瀚的，是无穷无尽的。我把知识描绘成蓝色，在班级里努力营造蓝色的浓厚的学习氛围。

自组建新班级以来，我和家长们同心同力打造"相亲相爱一家人"的班级品牌，带领孩子们营造纯正的班风，形成团结协作，拼搏进取的团队精神。

良好的学习氛围，积极向上的学习态度，团结互助的班风，形成一个具有凝聚力的班集体。我国的教育家陶行知说："培养教育人和种花木一样，首先要认识花木的特点，区别不同情况给以施肥浇水和培养教育，这叫'因材施教'。"这个班集体中的46个孩子，各具特点，各有所长，我们用心浇灌，静等花开。

图片拍摄于教室，为孩子们日常的学习，自左至右依次为：
任桐汝、李兆朔、刘依辰

班级文化建设

恰如其分的班级文化建设能滋养孩子们的品行，能激发孩子们的学习欲望，能熏陶孩子们的情趣，一个有爱的班集体，班级文化建设是必不可少的。

在爱心家长们的资助下，教室里的每一块墙壁，每一个角落都具有教育内容，富有教育意义。

2019年春天组建新班级后的第一个周末，刘依辰爸爸就带了几个工人把教室粉刷一新，让那个处在周围楼房包围的一楼教室格外明亮。杨朔爸爸就请广告公司制作了班级文化墙和走廊宣传栏，设立了"中队之窗""争星榜""班级之星"等专栏，并把班训、班风悬挂于教室的正前方和正后方的醒目之处。"中队之窗"上，有催人奋进的中队目标和中队口号，引以自豪的中队荣誉和队员作品欣赏；争星台上，闪亮的小星星越来越多……

2020年秋季开学，我们换了新教室，杨朔爸爸又在开学前为新教室更换了新的班级文化墙。

班级文化建设，一定要说说我们的大功臣。2020年春天，疫情过后，李兆朔转入了我们班，兆朔妈妈又为班级悉心准备了"图书角""植物角""卫生角"等队角阵地。"图书角"的图书包罗万象，孩子们在图书管理员的协调下，自主阅读，在书的海洋中遨游；"植物角"的植物生机勃勃，孩子们像小园丁一样定期浇水，植物们随季节更替而焕发不同的风姿；"卫生角"的卫生工具被值日生们摆放得井然有序。我们的教室，在学校"最美教室"活动的评选中，毫无悬念地夺魁。

因为毗邻学校多媒体教室，来参会的本校或外校的教师经常会被花香吸引，他们会趁下课间隙，踏进教室，在"植物角"旁拍照，和孩子们交流班级

我们的多彩班队活动

情况。有同事羡慕地说："在这样美丽的教室上课，教师一定会更加地精神饱满，一定会激情四射。"

班级文化的创设具有主体性、实在性、经常性、多样性，让孩子们主动地向着更好、更全面的方向发展。

培养班级小主人公

为充分调动每一个学生的积极性，我在班级中，力求让每个孩子都有角色，让他们都觉得自己是班集体中不可缺少的一员。除了每个班级必须配备的班级干部外，还设置了很多的角色，如：楼道秩序监督员、多媒体管理员、图书管理员等等。班里有个别孩子卫生习惯不好，上课拖拉，我又量身定制，设立了"×××监督员"，帮助同学进步。

班委的各位同学自是具有各自职责的优越条件，譬如：自律的李兆朔、有目标的姜宗煜两个人是孩子们心中的榜样，委以班长的重任；假小子般的李贞慧、严肃认真的荣忠智，是体育委员；大胆泼辣的彭子迅是无可替代的卫生委员；美丽活泼的张姿彤、刘依辰是文艺委员；在屡次被教导后，如今尽职尽责的安全委员李佳田、任桐汝……

杨朔是我的小助手，是我的通信员，是我的秘书，是……同事说："杨朔是你的小跟班儿，是一个小机灵鬼儿。"对对，在我们班，他的"官方头衔"虽说是学习委员，可很多对外联络的杂事，都是他负责。

彭煜坤是一个比较调皮的孩子，课间经常跑跳打闹，违反学校和班级规定。升入三年级，我们班搬到了实验楼三层，旁边是多媒体教室，这里经常会召开学校、市级的各类活动，二层则是校长室、小会议室等学校领导的办公区域，楼道秩序必须安静有序。我把"楼道秩序监督员"这个班级角色给了他，他得意扬扬地接受了。课间，有模有样地从一层巡逻到三层，发现问题及时制止。他把这个喜讯告诉了妈妈，他妈妈对我的这个起用心知肚明，鼓励他说："段老师把这么重要的任务交给你，你一定要做好，不要辜负段老师。"

郭家祎细心谨慎，教室的讲桌卫生交给了她；王怡鑫文静内向，教室里的花儿交给她……

列夫·托尔斯泰说："一个人若是没有热情，他将一事无成，而热情的基点正是责任心。"我们学校的校训是："做一个有责任感的中国人。"从小培养孩子们的责任意识，才能树立主人翁意识，为国家，为民族，为强国而努力。

团结互助的学风

秉承着"一分耕耘，一分收获"的班训，以师生互助、生生互助、家校互助为核心，孩子们团结进取，积极向上。

从2019年春天新班级组成，班级划分八个学习小组，各小组每个成员在家长的协助下，轮流担任小组组长，负责每日作业完成、读书打卡、课外拓展统计等等，让班级的每一个孩子在良性竞争的氛围下互相监督，互相鼓励，共同进步，营造浓重的学习氛围。

2021年上半年期末的家长会上，一组的李兆朔妈妈上台进行了分享。她先分享了她的育子经验，然后颇为自豪地说："这个学期，我们全组都在进步。每天，我们各个组员都会互相提醒、互相交流、互相学习、互相感谢，一直坚持到现在……"一组的刘益硕获得了"最佳潜力奖"，他的妈妈也感慨小组的共同进步。她们的发言，获得了家长们热烈的掌声。

进入三年级以来，班级又进一步创新做法，开展了"手拉手互助结对"

我们的多彩班队活动

活动，班级里成绩较差的孩子和成绩优秀的孩子结成对子，有自制力和没有自制力的孩子结对子。利用课间团结互助，比学赶帮超，逐步提高学习成绩，保持良好的课间秩序，保证每个孩子不掉队。

在几对小伙伴中，刘依辰和刘金澎师徒俩的提升最显著。

这是一对小姑娘。刘依辰勤奋努力，刘金澎基础较弱。课间，经常会看到刘依辰站在刘金澎课桌旁，给她听写、为她讲题；刘金澎也很好学，她回家对妈妈说："别的爸爸妈妈都帮助自己的孩子学习，可是你们只知道忙你们自己的，也不管我。以后，要多帮助我。"一个逐渐有了上进心的孩子，一个本就很努力的孩子，携手共进步。

期末，我给她俩发了"最佳师徒奖"。

激励竞争机制

现在的孩子因为父母的事事包办，衣来伸手，饭来张口，所以大都缺乏竞争意识，这是一种不正确的人生态度。

为培养孩子们良好的习惯，我在班级开设了"谁的星星多"的评比积分活动，来激发孩子约束自己、管理自己。每学期初，我都会自己手工制作一张标有全班孩子姓名的"谁的星星多"积分榜。只要是一个小小的闪光点，如：课堂上认真听讲、坐姿正确、一个精彩的发言、写字工整、一次完整的问题回答、积极打扫卫生等等，都会赢来大家发自内心的掌声，并马上进行加星奖励。孩子只要稍加努力，就能得到加星的机会。20颗星，换一张小奖状。学期末，再来比一比谁得到的小奖状多，就会换一张大奖状。这项活动获得了很好的成效，激发了全班孩子的上进心，只要我一句"谁谁哪个地方做得好，加一颗星！"其他同学马上就会效仿。

2021年春季，为了更大地激发孩子们比赶超的学习态度，我订制了三个大奖杯，分别命名"成绩优异奖""全面发展奖""最佳潜力奖"。"成绩优异奖"是为第一名设置的，"全面发展奖"是各方面表现最好的，"最具潜力奖"是进步最大的。

当亮闪闪的奖杯出现在教室里的时候，掀起了孩子们争先创优的高潮。姜宗煜在"我的目标"中写道："我想得到大奖杯！"刘益硕对妈妈说："我要得到'最佳潜力奖'！"其他的孩子也都对这几个奖杯虎视眈眈。

期末结束后，出现了意想不到的结局：我们班的第一名出现了双黄蛋：李兆朔和姜宗煜。这俩孩子知道了自己的成绩后，都在家担心：只有一个"成绩优异奖"奖杯，这个奖杯会颁发给谁呢？我心里却异常兴奋，毫不犹豫地又订制了一个同款"成绩优异奖"。当他俩各手捧一个大奖杯，喜滋滋地站在台前的时候，我对其他的孩子说："本来我只准备了一个奖杯，没想到却出现了两个相同的高分。虽然我多花了钱，可我还是很高兴。我希望你们都能继续努力，让我发46个奖杯，我也愿意！"

"全面发展奖"的奖杯得主投票产生。这是孩子们第一次投票，人选比较分散。最终李兆朔以26票领先其他同学，收获了他的第二个奖杯。

"最佳潜力奖"终被刘益硕收入囊中。

我们的多彩班队活动

节日类班队活动——描绘传统的
橙色文化

节日，是温暖的，是对历史的守候，是对未来的传承，如橙色的灯光，联系古今。

我在班级积极开展"我们的节日"系列实践活动。以"春节""元宵节"等节日为契机开展"我眼中的传统节日"活动，让孩子们在传承传统文化中培养孝老爱亲品德；以"妇女节""母亲节"为话题组织开展"'浓浓情，深深爱'妈妈想对您说"活动，通过一封书信一个队礼，让孩子们感恩母爱，感恩师恩，学会博爱；开展课本剧展演、绘本故事大赛、诵经典诗词主题活动，以"月满中秋人团圆　共庆华诞迎盛世""品中秋月饼　诵经典诗词"为主题引导孩子们走进经典汲取语言、情感和思想力量……

图片为2020年9月29日"迎国庆　庆中秋"家校共育展示
活动之《少年中国说》

春节践习俗

中国的传统节日，是中华民族悠久历史文化的重要组成部分，蕴含着深邃丰厚的文化内涵。在一系列的传统节日中，春节，是最隆重的传统节日。在我们北方，传统意义上的春节从小年开始，一直到正月十五元宵节才算结束，这和寒假正好契合。从辞灶到春节到元宵节，从开始，到盛大，到结束，一个节日连着一个节日，辛苦劳作的人民用节日欢庆丰收，用节日期盼美好生活。随着社会的进步和人民生活水平的逐步提高，节日的气氛越来越淡，孩子们对春节这个最隆重的节日习俗也知之甚少。我抓住这个契机，让孩子们利用调查、采访、搜集资料等方法了解传统节日，体验春节习俗，感受传统文化。

孩子们积极参与体验活动，用美篇记录了自己的所观所感。

附：孩子们的记录

小 年

刘依辰

腊月二十三，是我们的传统节日——小年。爸爸说在我们家乡，小年还有一个名字叫"辞灶"。旧时是祭灶王的日子，家家在锅台摆酒菜、灶糖供奉灶王爷。

那么，灶王爷又是谁呢？我从网上查阅了一下资料，原来有这样一个传说。

传说灶王爷原来是一位平民百姓，叫张生，家住顺义张各庄。这一天，天气寒冷，天上下着鹅毛大雪，张生灰头土脸、破衣褴褛，顶风冒雪、沿街乞讨。不知不觉中，张生走进了一户亮着温暖灯光的人家里。在厨房门口，他却看到了多年未见的贤淑的妻子。刹那间，过去浪荡街坊、花天酒地、败尽家业、抛家弃子的往事展现在眼前。张生顿时感觉羞愧难当，慌乱中一头钻进了正在熊熊燃烧的灶台里，无论妻子如何拉拽、呼喊，张生再也没有出来。

最后，张生活活烧死在了灶台里。后来，此事被玉帝知道。玉帝认为张生虽然以前不好好过日子、肆意挥霍、懒惰无良，但是最终还是有悔过之意。既然以死悔过，于是便封其为"灶王"。令其每年的农历腊月二十三，上天向玉帝汇报人间民情、善恶之事。人们为了让灶王爷在玉皇大帝面前美言几句，于是每年腊月二十三，家家户户都祭祀灶神，一直流传到现在。

在我们家乡，辞灶的习俗有大扫除、沐浴理发、吃饺子、吃灶糖、贴对联等。

"大扫除"开始啦！早晨起床，我先把自己房间的床单、被套更换清洗。饭后主动收拾碗筷、桌面、清扫地面、拖地，嘻嘻，妈妈夸我是"家务劳动小能手"，我心里美滋滋的，大家有没有觉得我很能干呢？

下午，爸爸带着我和弟弟到新房子"贴春联"，我把"福"字端端正正地贴在门中央，红彤彤的"福"字，让我感到年味儿越来越浓。

小年的晚上要吃饺子，这是一个非常重要的习俗。傍晚，我和爸爸妈妈开始包饺子。妈妈准备了三鲜馅儿的馅料，我凑到馅料前闻了闻，哇，好鲜美！

妈妈让我学着擀皮，她先做了一个示范，只见妈妈一手捏着面剂子，一手滚着擀杖，擀杖在她的手里滚来滚去，得心应手。我一看就觉得很简单，拿过擀杖和面剂子擀起来，没想到，擀杖一点儿也不听我的使唤，因为用力不均，我的饺子皮就像跌宕起伏的山峰。唉，这个高难度的技术活儿还是交给妈妈吧。

我又学着包饺子。我把饺子皮放在手心上，妈妈说刚开始先放少一点儿的馅儿，我就用匙子挑了一点儿，然后把饺子皮合起来，再顺着边沿一点儿一点儿捏起来，一个小饺子就完工了。虽然我包得很慢，样子也不是很好看，但是妈妈说熟能生巧，任何事只要用心就会成功。

小年，是我们中华民族传统节日中的一个，从这一天起，就拉开了庆祝春节的序幕。祝愿我们的祖国繁荣昌盛，人们的生活越来越好！

春 节
张姿彤

2020年的春节来了。春节是一年中最隆重的传统节日，我们的辅导员段老师倡导我们：文明实践，体验传统节日，感悟传统节日。

盼望着，盼望着，小年从暖暖的冬日中走来了。段老师说：从今天起，传统意义上的春节就拉开了序幕。

通过查资料，我知道了：小年，也称辞灶、祭灶节，是中华民族的传统节日，中国民间信仰俗称为"送神"，琉球语称为"御愿解"。据说每年腊月二十三，灶君、太岁神与民间诸神都要回天庭向玉皇大帝述职，尤其灶君会向玉帝禀告人间善恶是非，作为对人类奖惩报应的依据，故人们大多在此时奉拜家中诸神与灶君。人们为了在腊月二十三时不让灶王爷在玉帝那里说坏话，于是在家中摆设酒水糖果，以此堵住灶王爷的嘴巴。祭灶节的习俗有除尘、沐浴理发、吃饺子、吃灶糖、贴对联等。你了解了吗？

扫尘为的是除旧迎新，拔除不祥。各家各户都要认真彻底地进行清扫，做到窗明几净。这不，一大早我便跟妈妈一起开始忙活起来……

"二十三，糖瓜粘，灶君老爷要上天"，妈妈给我和妹妹买了传统的麦芽糖。果不其然，这糖瓜甜得我都要张不开口了，灶王爷吃了应该能保守住我们人间的小秘密了吧？！

"二十三糖瓜粘，二十四扫房子，二十五做豆腐，二十六炖大肉，二十七杀灶鸡，二十八贴窗花，二十九去打酒，年三十包饺子。"

转眼间，除夕到了，这是我最喜欢的时刻。我们早早地贴上了福字，表达迎祥纳福的美好愿望。

春晚开始了，奶奶和妈妈一边看春晚，一边包饺子。我也来帮忙，我学

我们的多彩班队活动

着奶奶的样子，先把饺子皮放在手心上，再把肉馅放在皮儿中央，接着把皮儿对折，放在中间按一下，然后从两边一点一点用力捏，这样一个美味的饺子就成功包好了。可惜小饺子就是不听话，一会儿这边馅儿冒出来了，一会儿那边皮儿捏破了，我手忙脚乱地忙活了大半天，也只包出了六个像模像样的饺子来。不过我偷偷地在每个饺子里放了一颗花生米，看看谁是今天晚上的幸运儿！

很遗憾，我的小饺子因为我的手艺不精，花生米自己偷偷留在了锅里。明年，我要多多练习包饺子，一定让花生米这个幸运儿跑到家人的嘴中。

吃完年夜饭，便是我最期盼的环节——送祝福，讨红包。

我先给爷爷奶奶磕了头，拜了年，收了一枚大红包，我还教着妹妹跟我做，她那机灵的小模样太可爱了，当然也收获了一枚大红包。

这个春节，我们响应国家号召不燃放鞭炮。没有了鞭炮的嘈杂，没有了鞭炮的硝烟味儿，春节很是祥和。祝愿大家在新的一年心想事成，祝愿我们的祖国越来越强大！

2021年2月

"浓浓情，深深爱"三八节、母亲节话感恩

前苏联作家高尔基曾写道："没有太阳，花朵不会开放；没有爱便没有幸福；没有妇女也就没有爱，没有母亲，既不会有诗人，也不会有英雄。"

在他的著作《家长教育学》里，随处可见对母爱的尊崇，在他的"同父母的谈话6"中分享了尼古拉·菲利波维奇的一段话："世界上最繁重的工作是母亲的工作，既繁重又劳累，还最光荣，我是在帮助病痛中的人，而你是在

给人类创造幸福，在创造人。”

尼古拉·菲利波维奇是一位医生，每天早晨，他都会早早起床，采一朵玫瑰插进他给妻子制作的花瓶里。十多年，天天如此。在他的榜样下，孩子们耳濡目染地得到了启发。他的孩子们也像父亲那样，每天早晨早早起床，为母亲送花，花瓶里的花不再是一朵，而慢慢地变成了两朵，三朵……

只有感恩母亲，才会感恩其他人，感恩社会乃至感恩祖国，每一个人，最优秀的品质都是从身边的情感开始的。尼古拉·菲利波维奇对母爱的感恩源自一个小小的引领，我们班级孩子们的感恩母亲活动从几个节日开始。

三八妇女节

阳春三月，莺歌燕舞，百花盛开。三八国际妇女节也在这个明媚的日子里如期而至。为让孩子们感受妈妈和老师们浓浓的情意，我们在这一天举行了一系列的活动，表达了孩子们对母亲深深的爱。

节日这天，正是周一，是正常上课时间，我们的系列感恩活动先从感恩老师开始。早读时间，我把我的提议说给了孩子们听，得到了孩子们的积极响应。上午分别是数学课、信息技术课、音乐课和体育课。除了体育老师是男性，其他老师都是女性。随着铃声，当老师踏进教室，班长的“起立”喊起，孩子们整齐站好，给老师们致以最崇高的队礼，并齐声祝福：“老师，您辛苦啦！”爱心家长送来美化教室的花儿正在竞相开放，送给老师们一盆，带去春天的希望；爱心家长送给我们的巧克力，也分给老师们，带去一份甜蜜。

上午没有课的老师，我带着几个孩子，把祝福送到了办公室。同样的队礼，同样的祝福，同样的礼物。一项小小的活动，一个个简短的感恩仪式，让孩子们感受到在这个特殊的日子里，我们给予依旧在努力工作的女性教师们的一份最诚挚的尊重。

三八妇女节最应该感恩的当然是母亲。孩子们中午大都在学校或者学校周边的托管就餐，不回家。为了在这一天能让妈妈们感受到孩子们的心意，给

我们的多彩班队活动

妈妈们一份惊喜，下午，我精心制作了一份书信笺，给每个孩子打印了一份，利用语文课，让孩子们给妈妈写一封信。一封书信，一句真挚的语言："妈妈，我爱您！"让妈妈们感慨不已。

附：姜宗煜写给妈妈的信

我的妈妈很美丽。妈妈有一个苹果一样红的脸蛋，圆圆的脸上挂着一双黑宝石的眼睛，忽闪忽闪的，好像会说话一样。

我的妈妈很负责任。每天晚上我写完作业，妈妈都会再帮我检查一遍，检查出错误时，都会让我多巩固几遍。每次我有不懂的数学题，妈妈就会认真地给我讲，即使我听不懂，也不会不耐烦，继续给我讲。

妈妈很乐于助人。记得我很小的时候，她的一个同事开会时忘带笔记本了，妈妈主动借给他。那时我不懂妈妈为什么要借给他，妈妈说："他这次没有，我们借给他了，下一次我们忘带了，他也会借给我们的。"我觉得妈妈说得很对，从那之后，我也经常乐于助人。

妈妈的优点很多，她还每天坚持读书，爱打扫卫生……

妈妈为了养育我和妹妹受了很多苦。妈妈在我的心里是最美丽、最温柔、最好的妈妈。

我想对您说："我爱你，我以后要听你的话，让你少生气。"

姜宗煜妈妈看了信后，给我微信留言："回来看到儿子的信，太感动了。亲爱的段老师，春风十里，感谢有您。"

"谁言寸草心，报得三春晖。"我们的笔触还很稚嫩，我们的力量还很纤弱。但，让我们用真情和行动表达对你们的爱；让我们在被爱的同时，学会感恩；让2021年的三八妇女节成为我们成长路上最温馨的回忆吧！

2021年3月8日

母亲节

5月9日是母亲节，这个周的周六（5月8日）是"五一"小长假之后的调休上班日。5月7日上午，李兆朔妈妈联系我："段老师，您好！周日是母亲节，我刚才去订了60束这样的花，周六中午送教室，让孩子感恩妈妈。妈妈爱孩子，孩子爱妈妈，互增感情，相亲相爱。"并发给了我花束的照片。

班级共有46个孩子，她又叮嘱我："多订的花，你送给老师们。"

收到这个信息，我第一时间的反应就是：她不仅做到了一名优秀家长应该做的，还在替我维护这个班级，帮我凝聚着这个班级。我对她的这份大礼物除了感谢还是感谢。

周六中午，花儿们送到了教室。当下午回到教室的孩子们看到满屋的鲜花时，孩子们特别激动。

我问："这些花是送给谁的？"

孩子们纷纷猜测。

有的孩子说："这是送给老师们的。"当然，孩子们没有想到这些花是爱心家长送给他们的妈妈的。

当我把爱心家长的意愿告诉孩子们后，教室里响起了热烈的掌声。这份掌声里，有孩子们对妈妈的爱，更多的是对爱心妈妈的爱。

放学后，当孩子们抱着鲜花，排着整齐的队伍走出校园，走向马路的时候，旁边接送学生的其他班级的家长们露出了羡慕的表情。我和孩子们一脸的自豪。

收到花的家长们陆续在班级群里表达对爱心妈妈的感谢，对群里妈妈们的祝福。家委会主任杨朔爸爸说："我们班有这么多的爱心家长！我们是个有爱的大家庭！希望大家共同努力和段老师一起让孩子们在这个充满爱的大家庭

我们的多彩班队活动

里健康茁壮成长！"

姜宗煜妈妈也说："感谢爱心家长美丽暖心的鲜花，感恩您，感恩老师。让孩子在充满爱的大家庭里感受爱学会爱。也让我们身为家长更懂得大爱与奉献。祝福爱心家长幸福快乐，祝福我们的老师顺心如意，祝福每一位伟大的母亲节日快乐，健康幸福。"

我也借此机会表达了对妈妈们的祝福，以及对家长参与班级活动的鼓励："首先预祝各位妈妈们节日快乐！爱心家长借母亲节这个节日，为妈妈们准备了礼物，希望孩子们懂得感恩妈妈，感恩父母，感恩世界。其实，爱心家长为孩子们送礼物，甚至是为妈妈们送礼物，目的只有一个，那就是希望我们所有的家长在我们这一个有爱的大家庭里携手共育，让我们的孩子齐头并进。感恩爱心家长！"

图片为李兆朔妈妈为母亲节提供的花束

2021年5月9日

清明追忆先烈

清明节，正是追忆革命先烈的好时机。

为继续弘扬中华民族的传统文化，继承先烈遗志，弘扬爱国精神，喜迎中国共产党成立100周年，教育学生"从小学党史，永远跟党走"，清明节期间，我们班开展了一系列清明节主题活动：

1. 聆听革命故事

2. 追寻红色记忆

这一系列活动，和我们的特色班队活动是相吻合的。在这里，我就不再赘述，而是在特色班队活动中详细描述。

2021年4月5日

"六一"唱赞歌

繁花似锦、绿树成荫，六月如约而至，热情的夏天与欢乐的时光编织着童年的故事。我们班开展了以"追寻家乡的红色记忆做共产主义接班人"为主题的六一活动，向中国共产党百年华诞献礼。

5月30日上午，我们"追寻家乡的红色记忆"小分队再次出发，来到了位于旧店镇罗头村的"中共平度第一个党支部旧址"，进行红色文化寻访活动。

我校少先队大队辅导员张平主任致辞。张主任对我们的活动表示赞扬，并希望少先队员们能通过此次寻访活动收获知识，收获信仰，收获动力，牢记历史，增强爱国情感。随后，家长们为少先队员们佩戴"纪念中国共产党成立一百周年"徽章，让每一个红色足迹在少先队员的内心留下记忆。

罗头村支部书记程平同志对平度早期共产党的革命史进行了深入的研究，并形成了自己独特的讲解风格。正值六一国际儿童节，家委会主任杨典杰同志代表三一中队所有任课教师、家长和少先队员聘请程书记担任中队校外辅导员，为他发放聘书。少先队员李兆朔代表全体少先队员为程书记敬献红领巾。鲜艳的红领巾飘扬在我们的胸前，从此继承革命传统，勇担历史使命。

之后，程书记带领大家参观旧址并讲解。他声情并茂地向我们讲述了革命战争时期，罗头村群众在中国共产党的领导下，前赴后继、不怕牺牲、艰苦卓绝地开展革命斗争的动人事迹，并勉励队员们从小立志，学会感恩，不忘初心，不忘历史，努力学习，把我们的国家建设得更加强大。

听了程书记的讲解，队员们备受鼓舞和感动，满怀崇敬之情，再一次吟诵了《少年中国说》，唱响《中国少年先锋队队歌》。这个节目是我们班的六一参演节目，节目由两部分组成：吟诵《少年中国说》，合唱《少年先锋队队歌》。两部分都是全员参与，还是彰显我们班"让每颗星星都闪亮"的班级育人特色。

本着整齐和节省的原则，我们的演出服装选择了我们的夏季校服。从一年级到三年级，校服在补订的过程中，有了小小的改变。我们统一要求穿有领的、缝制蓝色学校徽标的校服，佩戴建党100周年标识，白鞋子是4月参观"刘谦初红色文化园"时购买的，袜子也要求是白色。通知发出去以后，一位家长给我打电话建议："段老师，女孩子的裙子比较短，我觉得穿长筒袜会更好看一些。"我采纳了她的建议，委托刘依辰妈妈选图片发到群里，大家经过商定，定下白色黑条的长筒袜。而这10多个女孩儿的长筒袜，外加男孩儿的白色短袜，依辰妈妈作为六一礼物送给了孩子们。

6月1日，平度经济开发区小学开展了"喜迎建党100年 争做合格先锋队员"首批新队员入队仪式暨六一节庆祝活动。

这一天的天公有点儿调皮，早晨起床，就一直下雨。6点20分，我按照通知时间急匆匆地赶往教室，教室里已经坐了很多孩子，几个爱心家长也拿出自带的化妆品开始给孩子们化妆了。孩子和爱心家长们陆续到齐，我拿出李兆朔妈妈提前购买的化妆品，简单地分了一下工，化妆一条龙服务开始了：刘益硕妈妈和周嘉泽妈妈负责基础粉底，吕梓宸妈妈和尹麒杰妈妈负责定妆，王瀚玥妈妈和荣忠智、荣忠硕妈妈负责眼影和眉毛，李贞慧妈妈和彭煜坤妈妈给孩子们整理红领巾和标识。李兆朔妈妈说自己不会化妆，就拿着手机给已经化完妆的孩子拍照留念，杨朔爸爸则主动开始整理我们班级联欢会的场地——多媒体教室。

爱心家长们赠送的六一儿童节礼物也陆续送到了教室：蛋糕、毛绒玩具、水果……

6点50分，爱心家长们刚给我们班全部的孩子们化完妆，学校群发了通知：因为天气原因，庆祝活动改为下午举行。于是，化着妆的精致的孩子们依然意气昂扬地坐在教室里上了一上午课。

李兆朔妈妈为联欢会购置了气球、彩龙等装饰材料，见上午不组织活动了，就留了下来，布置场地。他们把多媒体教室打扮得热闹非凡，吸引了我们办公室的同事们纷纷跑过去拍照。

中午我没有回家，我们班精心准备的节目《少年中国说+我们是共产主义接班人》第二个上场。少先队员们穿着整洁的校服，系着鲜艳的红领巾，信心满满地为与会领导和全校师生深情演唱，洪亮的歌声、整齐划一的动作，赢得了全场的热烈掌声。

学校活动结束后，中队的六一庆祝活动正式开始。

所有的少先队员都积极参与其中，每个人都表演了属于自己的节目。古琴演奏、吉他弹唱、独唱、舞蹈、双节棍、讲故事，哪怕是一首简单的古诗朗诵，都洋溢着孩子们对节日的热爱与喜悦。

活动期间，姜宗煜妈妈的创意特别节目让大家感动满满——她为孩子们的李妈妈订了一束鲜花，要把这一束鲜花在孩子们的节日这一天送给李妈妈。当主持人刘依辰在我小小的嘱咐之后，抱着一束鲜花邀请李兆朔妈妈走向舞台中央的时候，家长和孩子们不约而同地鼓起了掌："谢谢李妈妈，谢谢您为班级做了很多贡献，谢谢您！"李妈妈也眼含热泪，激动地说："以后，我会继续为班级做贡献，尽我所能帮助家长减轻负担，让老师能有更多的时间教学，让我们的孩子更优秀！"

本次庆祝活动，既让孩子们感受到童年的幸福和节日的快乐，也激发了他们朝气蓬勃、积极向上的良好的精神面貌。孩子是祖国的未来和希望，让所有儿童快乐幸福地成长，是我们的愿望，也是我们的使命！

"少年智则国智，少年强则国强。"一场满载欢乐与爱国情的庆祝活动，激情碰撞，点亮生命。在六一，我们遇见了更优秀的自己；在六一，我们学党史，感党恩，争做共产主义接班人。

图片为李兆朔作为少先队员代表给校外辅导员
程平爷爷佩戴红领巾

2021年6月1日

端午忆屈原

　　端午节就要来临了，怎样和孩子过一个耳目一新的端午节？以往都是以讲屈原的故事为主，其忧国忧民、清正高洁的人格魅力和思想精髓，历来被人们讴歌赞颂。

　　习近平主席曾在讲话中多次提到屈原，他还多次引用屈原的名句来阐述思想，寄意深远。在2014年9月3日，习近平主席在纪念中国人民抗日战争暨世界反法西斯战争胜利69周年座谈会上这样说："中国人民抗日战争异常惨烈，从战略防御到战略相持，进而发展到战略反攻，无论是正面战场还是敌后战场，中国人民同仇敌忾、共赴国难，铁骨铮铮、视死如归，奏响了气壮山河的英雄凯歌……正所谓'诚既勇兮又以武，终刚强兮不可凌。身既死兮神以灵，魂魄毅兮为鬼雄。'"

　　习近平主席这么熟悉并引用屈原的诗句，我们何不在纪念他的节日里也来吟诵他的诗句？既让孩子丰盈了文学知识，又增强了爱国主义情感。

　　我从网上找了屈原最著名的20个经典诗句，打印出来，每人一份发给孩子们，给他们布置了一个实践作业：每人选择一句，自己查询或者请教别人理解诗句的意思，于周四背诵给大家听。

　　当天晚上，李兆朔妈妈就给我发过来两张图片，一张图片是书籍《诗人的一天》的封面，另一张图片上则圈出了一段话，是"举世皆浊我独清，众人皆醉我独醒"的寓意，在这段话的下面，还配有一幅画。她还给我发了消息："段老师，你布置了任务后，兆朔回家就找出了这本书，说明天要带给你看。"这是一个爱读书的孩子，看来，读完这本书后，他记住了这句话。

我们的多彩班队活动

李兆朔果然把书给我带了过来，书中讲的第一个诗人就是屈原。简简单单的几幅画，寥寥几笔，把屈原怀才不遇、痛恨黑暗、向往光明的品质写得淋漓尽致。我认真地读完，又把书中涉及的各位诗人的佳作一一打印出来，给孩子粘贴在书中相应的位置，给孩子补充完整的精神食粮。

课间，有的孩子就按捺不住了，"老师，明天什么时候交流屈原的诗句？""老师，明天交流的那句话要背过吗？"……看他们跃跃欲试那样，仿佛上国际竞赛场地一样。

周四下午最后一节课，我停下了紧张的复习进程。一打开PPT，孩子们就雀跃起来，PPT是我选择的一张带有屈原的端午节背景图片。

我问孩子们："就要过端午了，你们知道我们北方有哪些端午节的习俗？"

孩子们七嘴八舌地讲起来，包粽子，吃粽子，系五彩绳，挂艾草。

有的孩子还喊着："划龙舟，划龙舟！"

这个习俗一喊起来，有的孩子就笑着反驳了，"这是南方的端午节习俗，不是咱们北方的。"

有的孩子一听，又拉开了话匣子，"南方还有喝雄黄酒的习俗。"

这几年"我们的节日"活动的开展，让孩子们对我们的传统节日了解了很多。

我用微笑赞许孩子们的发言，说："每一个习俗都有故事，你们知道哪个习俗相关联的故事？"

孩子们纷纷举手，刘益硕第一个举手，这几天，他的表现很好：早晨到校后主动大声读课文，上课积极举手发言，动作迅速敏捷……我伸手示意他来讲，他简短地说："屈原死后，人们把粽子投进江里，为了不让鱼儿吃屈原的遗体。"

其他的孩子点头附和。

李兆朔又举手，他一丝不苟地说："屈原死后，汨罗江边的人们很悲伤，就把家里的粽子、鸡蛋等食品都投进江里。这样，鱼虾吃饱了，就不会吃屈原的遗体了。后来，就有了端午节包粽子吃粽子的习俗。"

他的回答获得了大家的掌声，这个答案的确很完美。

我又问："到了端午，小孩子都会系五彩绳，这是什么原因呢？"

没想到，这个问题把孩子们问住了，大家面面相觑，只有李兆朔稳稳地把手举了起来，大家把崇拜的眼神投向了他。

他不紧不慢地说："屈原死后，人们往江里投了粽子、鸡蛋后，还把雄黄酒倒进了江里，一条蛟龙喝醉了，浮出江面，人们把它的胡须拔了下来，当作手绳系在了孩子的手上，防虫祛邪。后来，人们就延伸到了给孩子系五彩绳。"

他的故事吸引了大家，我也是第一次听说这个故事。我小时候，母亲在端午节的早晨也会给我系她自己用五色丝线做成的五彩绳，然后在端午节后的第一个雨天，把手绳解下，扔到排水沟里，这样，烦恼、忧愁都随着雨水流走，会给你带来一年的好运。

我和孩子们说："每一个节日的习俗，都包含了人们的一种美好愿望。端午节的习俗，都和屈原有关，都是为了纪念屈原。今天，我们就来吟诵一下屈原的诗句，了解一下他的品质。"

张家泽、贾清川、杨朔、杨曜瑞、刘依辰、李兆朔、李佳田、刘益硕、张姿彤、庞钧方等几个孩子落落大方地上台做了交流。

张家泽第一个上台交流，他熟练地背诵道："长太息以掩涕兮，哀民生之多艰。"然后，他说："这句话是说：我擦着眼泪啊声声长叹，可怜人生道路多么艰难。"可以看出，他的准备很充分。

大部分孩子交流的是"鸟飞反故乡兮，狐死必首丘"这句话。我说："中国有一个成语表达的意思和这句话所表达的意思差不多，你们知道吗？"

孩子们很茫然。

我提示："落叶——"

孩子们恍然大悟，"落叶归根！"

杨朔交流了"路漫漫其修远兮，吾将上下而求索"这句话。他说："这句话是勉励我们努力学习，不退缩，不放弃！"会学以致用，这是学习的最高境界。

李兆朔分享的就是书中的那句话。

孩子们分享完后，我拿起《诗人的一天》这本书，说："李兆朔给大家分享的那句话，就在这本书中，我们一起来读一读。"

孩子们瞬间围了过来，"屈原在年轻的时候，很受楚怀王的赏识……"我喜欢和孩子们一起读书，讲故事；孩子们在我的读书课上，没有座位的束缚，也没有上课秩序的约束，但却那么和谐，一双双眼睛都充满了求知欲。有时候，我会想：假如每一节课，我和孩子们都是这样轻松自如，那么兴趣盎然，孩子们会获得一种怎样的知识体验？

当我们读到"世界上的人都是污浊的，唯独我干净、清白；众人都已醉倒，唯独我一人清醒"这段话时，孩子们不由自主地吟诵起来，"举世皆浊我独清，众人皆醉我独醒。"

这句话或许对于孩子们理解屈原的爱国情感不是最恰当的一句，但在整个"端午忆屈原"的过程中，大家从不同的故事，不同的诗句中了解到了屈原宁死不屈的浩然正气。

一个节日，一个引领。2019年4月30日，习近平主席在纪念五四运动100周年大会上的讲话中说："历史深刻表明，爱国主义自古以来就流淌在中华民族血脉之中，去不掉，打不破，灭不了。"

传统文化，传统节日，在节日里铭记文化，在文化中铭记历史。

2021年6月24日

"国庆" "中秋" 双节同庆

今年的国庆节和中秋节恰逢同一天。9月17日，家委会主任杨朔爸爸向我提议："今年是二十年左右一遇的中秋节和国庆节同一日！我提议我们班搞一个迎中秋庆国庆特别活动，庆祝祖国七十一华诞，你觉得如何？"

他的提议我欣然应诺。这一阶段，我正在谋划我的工作室授牌仪式，既然我是工作室的主持人，那么，在我的授牌仪式上，展示我们班级的家校共育特色活动，岂不是一举两得？

9月22日，我们召开了家校共育联盟会议。会议上，杨朔爸爸把他的提议和大家进行了分享，家长们一致通过。我把整个展示活动的议程简单地进行了交流，初步决定展示活动由6个节目组成：我编排一个全班参与的吟诵节目。其他的5个节目由小组和小组自由结合，确保每一个孩子都上场，而且这5个节目要包含"国庆"和"中秋"两个主题。

我们的家长是无所不能的，五个节目在谈论间就有了眉目：杨朔爸爸带领本组吉他弹唱《我和我的祖国》；刘佳欣妈妈回去联系佳欣的武术散打教练排练一个武术节目；彭煜坤妈妈联合两个组排练舞蹈《木瓜》；刘依辰妈妈中秋节诗词吟诵；任桐汝妈妈歌舞表演《歌唱祖国》。

家校共育联盟会议后的当晚，节目训练就开始了。从这天开始，放学后，组长们都会带领节目的表演者进行训练，他们有的聘请了专业的辅导教师，有的亲自上阵，一招一式，严格要求。他们的训练地点不确定，有时在公园，有时在自己家的庭院，有时在辅导教师的训练点，有时还会来到学校请求我的帮助……

我们的多彩班队活动

在这几天里，姜宗煜妈妈为整个家校共育展示活动拟了主持词，根据活动需要，我选定一位家长和一个孩子作为主持人，分别是张姿彤妈妈和刘依辰。也就从这次活动开始，张姿彤妈妈成为班级活动的金牌主持人。为了活动能留下一个完整的印记，任桐汝妈妈特意聘请了专业录像师和摄影师。在这个短短的周末里，我还要求每个家庭都和国旗合个影。

9月26日，国庆节调休仅剩的一天周末，我一一邀请他们到学校多媒体教室表演，进行指导。看到他们短短的几天，就能拉出一个节目的雏形，我心里很欣慰，虽然搭上了我的周末，但我心情异常兴奋，和孩子们、和家长们在一起，我的生活充实而有意义。

9月27日，我利用课间，以小组为单位，给孩子们和国旗照了合影。下午放学后，我们聚在一起，进行彩排。我还没发言，杨朔爸爸就直接下达了任务："我们这个活动是青岛市级的活动，这样的水平是不行的。今晚回去，继续加强训练，明天放学后，再一次进行彩排，如果不行，就撤！"家长们也都认同他的话，士气高昂地离去了。

9月28日下午放学后，孩子们和几位爱心家长又聚集在多媒体教室进行最后一次彩排。这一次彩排比前一天的彩排，明显有了改观。孩子们可能都怕第二天不能上台，一周的辛苦付之东流了吧！

夜晚的校园和白天的校园有截然的不同。校园里，很寂静，但走上实验楼，杨朔爸爸带来的音响还是透过门缝传了出来，听得人们很振奋。

秋夜，风微凉。踏着夜色，走出实验楼，杨朔爸爸说："你明天穿个裙子哈。"还没等我回话，张姿彤妈妈说："把脸打个粉底。"这个话音刚落，刘依辰妈妈又说："涂涂口红提提神儿。"我嘻哈着应着，一派其乐融融的和谐景象。

9月29日，"段丽凤名班主任工作室展示活动"开始。早晨，当我匆匆穿着裙子，打了粉底，涂了口红，赶到学校时，孩子们的化妆工作已基本完成——爱心家长们自发组成了化妆队；多媒体教室里，鲜花簇拥，李兆朔妈妈为活动订制了花篮；大屏幕上，我制作的《我们的家》的视频循环播放，小组、家庭，在鲜红的国旗的映照下，更显温馨；领导席上，矿泉水已摆好，教室里，月饼已准备好，这是杨朔爸爸的功劳……见我来到会场，家长们纷纷说："段老师，你去忙工作室的事情，班里的事情不用你管，我们就干了。"

活动顺利而圆满地举行。外校参与活动的老师说："如果这是一个学校拿出来的一台节目，我们毫不惊奇。但是，这是一个班级组织的一台节目，我们很是佩服！"全程参与活动的王道鹏校长，选取了部分影像发在了抖音上，好几个朋友刷到了，转给我看，赞叹我们的家校共育活动。

活动结束后，姜宗煜妈妈的美篇翩然而至：

月满中秋人团圆 共庆华诞迎盛世
——平度经济开发区小学三一中队家校共育活动里的爱国情

带着丰收的憧憬，迎着十月的金秋，带着满怀的豪情共贺祖国的生日，灿烂的笑容和祖国的花朵一起绽放，嘹亮的歌声同欢庆的锣鼓一起敲响，在祖国母亲71华诞及中秋佳节即将来临之际，平度经济开发区小学三一中队欢聚一堂，家校携手共同举行"迎中秋庆国庆"家校共育活动。

整场活动共有6个节目，都是由师生和家长倾心打造而成，充满欢声笑语，精彩纷呈：气势磅礴的《中国少年说》、书声琅琅的经典诵读、婀娜多姿的舞蹈、刚柔并济的武术……节目形式多样，富有创造性，歌颂了我们伟大祖国的繁荣昌盛，传递了红领巾少年们的爱国之情。节目既流露了我们三一中队的才华与风采，更展示了家校互为一家人的亲人情怀。

《少年中国说》，唱响我们心中梦想的战歌。活动在热情澎湃地集体诵读《中国少年说》中拉开序幕。这篇撰写于1900年的文章，虽历经120年的沧桑岁月，今天，由班级所有孩子们热情澎湃地朗诵出来，依然让我们大家怦然心动，荡气回肠，这就是我们的中国力量。

《我和我的祖国》，我们像爱自己的妈妈一样深深地爱着我们的祖国。她强壮、富有、美丽、壮阔！拥有辽阔的土地，丰富的资源、勤勉的人民。我们

我们的多彩班队活动

应该延续美好和希望，成为能够支撑起责任的少年。

今天我们歌唱祖国、赞美祖国，此时此刻，让我们共同为祖国母亲献上生日的赞歌。

中秋逢国庆，可谓双喜。中秋节是我国仅次于春节的第二大传统节日。中秋节赏月吃月饼是千年来不变的传统习俗，在古代的时候，不少文人墨客还会吟诗作词，为我们留下了许许多多宝贵的精神食粮。诗歌舞《秋月夜》扣动我们的心弦。

千百年来，武术被作为强身健体，伸张正义的民族象征，是带有东方气息的文化瑰宝。今天，一群小小"武术爱好者"在这里虎虎生威，一展身手，演绎一段《武魂》。

传承文化，复兴中华。国学经典可以擦亮我们的眼睛，国学经典可以点燃我们的智慧，国学经典可以提高我们的素养，国学经典还可以启迪我们的人生。今天，孩子们用心诵读《木瓜》，你送给我的是木瓜，我回赠给你的却是美玉，分享知恩图报美德。

《歌唱祖国》，当国歌奏响时，我们心潮澎湃；当五星红旗升起时，我们思绪万千。祖国啊！我们为你骄傲，为你自豪，让我们大家一起用嘹亮的歌声来歌唱您，歌唱我们伟大的祖国。

精彩的节目离不开亲友团的精诚合作，演出排练，有我们；服装道具，有我们；摄影留念，有我们；甚至小到一个化妆湿粉盒，大到鲜艳的五星红旗，细到美味可口的水果和月饼，都有我们。全能亲友团名副其实。其实不是我们全能，我们被老师们的用心所深深感动，所深深影响，所以我们是用心的，用情的。精彩美满的演出再一次印证了，在我们三一中队，家校共育不是昙花一现，而是持久芬芳，是一种植根于我们每个人内心的一种情怀。

表演间隙，杨朔爸爸作为家长代表分享了家校共育的心得。杨爸爸以36个美篇为背景，介绍了三年级一班的家校关系。在我们班里，师生家长关系和谐，互相信任，家长和老师之间的角色是可以互换的。老师可以做家长，家长也可以做老师。在三年级一班，家校共育是一种习惯，更是一种情怀。

图片为2020年9月29日"迎中秋　庆国庆"家校共育展示活动之《歌唱祖国》

2020年9月29日

我们的多彩班队活动

学科类班队活动——吮吸语文的
绿色力量

我是一位班主任，还是一名语文教师。在我的班队活动中，经常渗透着语文学科活动。苏霍姆林斯基说："让自己学生的头脑和心灵迷恋上有关祖国的每一行字、每一本书———一位真正的教师一向把这认作自己的教育理想。"我觉得，这句话，是对每一位语文教师说的。

从小，我就喜欢阅读和写作。我对语文产生兴趣，引领者是我的父亲。在我当学生的时候，老师只教课本知识。父亲的闲暇时间是读书，耳濡目染，我也喜欢上了读书。直到现在这个电子书充盈的年代，我依然喜欢书墨的气息，喜欢文字带来的想象。

还清晰地记得我的第一篇作文，是在秋天的一个晚上。院子里燃着汽灯，那是一个比较富足的家庭才有的照明工具。炽烈的白光照得院子白晃晃的，照着堆满刚掰回来的玉米。我从屋子里搬出一张椅子和一把小凳子，趴在椅子上写作业，那天的作业应该就是写作文。作文的具体内容忘记了，在我脑中挥之不去的是父亲一边剥着玉米皮，一边引导我："你想一想，牛会怎样？"那应该是我第一次接触环境描写，但却令我萌发了喜欢写作的小芽。

上初中了，我用那个年代封账本用的蓝色活页封面和封底，裁了相同大小的纸张，串成一个属于我自己的日记本。这个日记本，有记述我的收获的，有描写我的困惑的……这个日记本，对我的语文老师是公开的。只要写完，我就会拿给我的语文老师看，而每一次，它们都会成为范文，在班级中传诵。

这都是激发写作兴趣的方法。

所以，我认为：读书阅读和写作是语文的精髓，仅凭几节语文课，是远远领略不到它们的魅力的，还要在无处不在的随时可以渗透的班级活动中。

我把学科类的班队活动描绘成绿色，是因为阅读和习作就像春天的风一样，一旦喜欢上了它们，它们就会让这清新的绿色染满大地，就会爱上语文，爱上语文学习。

图片为2021年4月9日参观店子火烧博物馆拍摄

播下读书种子，静看火树银花

——在平度市小学阅读工作推进会上的发言

"做一颗读书的种子"，这是部编教材总主编温儒敏教授对语文教师提出的要求。的确，只有我们爱读书了，才能把这种极爱读书的精神得以承接、深入，并可影响、传递于我们的学生，让文化像种子一样播撒开去，繁衍不息。我爱读书，我总在我的教学中不经意地一点一滴地把读书的种子悄悄地播下，然后，再在不经意中一点一滴地收藏，静静地欣赏那灿烂的火树银花。

一、我是一颗读书种子

我读书的种子是我的父亲为我播种的。父亲喜欢读书，每次他出差回来，我欢喜的不仅仅是他带回来的好吃的零食，或是漂亮的衣服，还有不是带给我的却让我总是迫不及待就拿到手中的各种书，那是父亲出差途中为他自己买的。记忆犹新的有当时不多见的报纸《传奇文学》《杨家将》《樊梨花》《穆桂英》等等。后来，农村可以征订报纸的时候，父亲又订阅了《农村大众》等报刊。那时，父亲坐在炕头，我趴在炕沿，随手翻阅、浏览报纸也成了我每天必不可少的活动。兴起的时候，还和父亲谈论几句，谈穆桂英的威武，说皇帝的无能……

在父亲的影响下，我喜欢上了书，喜欢读各种书。小学时的连环画，一本接一本，从抗日战争故事到历史故事，那是我们七零后的回忆；到了初中，偷偷地读琼瑶、金庸、三毛；我在琼瑶的书里背过了"黄叶天，碧草地，秋色连波，波上寒烟翠……"在金庸的书里看到了我引以为傲的段氏家族（开个玩笑），在三毛的书里，我领略了撒哈拉沙漠的风土人情；到了中专，《红楼梦》《简·爱》《苔》《穆斯林的葬礼》……三年中师，三年恣意的读书路。

现在，我依然把读书当作生活的重要部分，我努力把时间的碎布裁剪成岁月的成衣，使自己行走在浩若烟海的书海里。我充分利用学校的有利资源——全青岛市最大的全天开放的图书馆，《三国演义》《平凡的世界》《红楼梦》，从中选取最原始的版本，找回原著的感觉；《班主任》《演讲与口才》教育类的期刊也读，随时为自己充电；《小小说》《青年文摘》也是我的最爱，每一个微小的故事里都有人生的哲理……在我的家里也有"三更有梦书当枕，半床明月半床书"的场景。当别人已酣然入睡的时候，我还在伴着温馨的台灯轻翻书页；当有一种别样的情绪无法平静的时候，点一支熏香，沏一杯香茗，听一曲禅乐，静静地坐在书桌旁读一本自己喜欢的书。徜徉于先贤智慧的长廊，在触摸历史的同时憧憬未来，在叩问心灵的同时感悟世界。

父亲为我播下了读书的种子，他一直在静静地看着我一步步成长。

二、我的读书种子

我从一颗读书种子，长成了现在这么一棵不是特别茂盛却依然生机盎然的树。我拂动着我的枝条，精心地播种下读书种子，并呵护着它们。我以教研中心及学校的各项活动为依托，如：积极推行"1512阅读时光"工程；踊跃参与校级阅读研讨展示活动，构建阅读指导课模式，提炼总结阅读方法；利用校本教材《书韵》和《国学经典诵读系列丛书》，对语文课程进行补充、延伸、扩展和提升。

我选择"乐教乐学"作为读书种子"乐"读"悦"读的土壤；组织"丰富多彩的读书活动"作为照耀读书种子的阳光；创建"家校共育联盟"，充盈成读书种子的空气；实施积分制，汇成浇灌"读书种子"的水分；而师生共读，则是读书种子成长发芽不可缺少的肥料。我在入学的第一天就播下颗颗读书种子，六年辛勤，六年快乐……

（一）乐教乐学——读书种子"乐"读"悦"读的土壤

乐教乐学是在两年前闯入了我的教学生活的。从那之后，我就利用乐教乐学大力推广阅读。以前虽然也提倡读书，但苦于没有平台监督、展示。乐教乐学，正是我推广阅读的及时雨，也成了读书种子"乐"读"悦"读的土壤。

乐教乐学可以展示照片、录音文件、视频，于是，我利用乐教乐学的"活动""才艺秀"等，让孩子进行丰富多彩的朗读展示：

朗读是一项口头语言的艺术，是运用普通话把书面语言清晰、响亮、富有感情地读出来，变文字这个视觉形象为听觉形象。朗读需要创造性地还原语气，使无声的书面语言变成活生生的有声的口头语言。如果说写文章是一种创造，朗读则是一种再创造。

周一到周四的每个晚上，故事会都会在才艺秀里秀一秀。你刚讲完，他接上；你激昂高亢，她温柔似水。记得孩子们读《呼兰河传》的时候，第一天读，有的孩子只读了几分钟，有一个孩子读了十几分钟。第二天，我在班里进

我们的多彩班队活动

行集体展示，并大力表扬，进行阅读加分。第二次读，孩子们的朗读都超过了10分钟，甚至有的孩子都读到了半小时以上。

周末的阅读则来到乐教乐学的"活动"。每天有不同的活动内容，而且是有时间限制。只为了让我们养成每天阅读的好习惯。我曾在有一年的5月10日发了一个朋友圈："我班的《朗读者》开始啦！一边吃饭，一边听着孩子们给我讲《呼兰河传》的故事：小团圆媳妇、有二伯、卖馒头的老头、跳大神……乐在其中。"

高年级的阅读内容，我不规定从第几页到第几页，而是让孩子们每天选择自己感兴趣的一个人物或一个故事阅读。在《呼兰河传》里，你今天读"小团圆媳妇"，明天就读"有二伯"；你也可以今天读"卖馒头的老头"，明天再读"有二伯"……《西游记》里，你可以先读"真假美猴王"，再读"三打白骨精"，一切以兴趣为前提。

今年教一年级，阅读从绘本开始。我大力倡导亲子共读：孩子自己能读就自己读；可以父母读给孩子听，可以父母读一段，孩子读一段；可以坐在书桌前端端正正地读，可以表演读……读书形式多样，只要每天读就可以。

欣赏孩子们的阅读视频，看到不仅仅孩子享受其中，家长们也陶醉在其中，我知道：我的目的达到了。

从使用乐教乐学平台推广阅读以来，我们收到了很多家长的好评：

一位平时不爱读书的孩子的家长给我留言说："以前孩子不愿意读书，现在看到别的同学都发视频，她也跃跃欲试地每天积极读书了。"

孩子们也非常喜欢在平台上展示自己的阅读，经常会有孩子问我："老师，今天布置一个读书活动吧！"

乐教乐学——读书种子"乐"读"悦"读的土壤。孩子们通过另一种渠道提高阅读的兴趣，收到了意想不到的结果。我会一直进行下去。

（二）丰富多彩的读书活动——读书种子的阳光

广泛开展形式丰富的读书活动，就是要吸引更多的学生投入到读书中，就是要为学生创建一个展示成功的舞台，为学生提供展示阅读成果的机会，使阅读更上一层楼。生活需要仪式感，事实上，对孩子的教育也需要这样的仪式感。我们常说，教育是一个灵魂唤醒另一个灵魂，而我们期望，用最庄重、最真诚的仪式来唤醒孩子灵魂中最美好的部分。阅读也是如此。

每天的"我说你听交流时光"的展示，我都郑重地打开特制的PPT背景，让孩子在PPT背景前展示，黑板绝对是一尘不染的，我也是绝对认真地作为拍摄者。和刚毕业的学生交流时，我给他们拍照，拍展示学生的，拍聆听学生的，拍学生的文稿；今年的小豆苗，我直接录像，然后上传到乐教乐学，让所有的家长观看。

我还不定期地举行诵读、演讲、讲故事比赛，既锻炼了学生的口语表达能力，又把读书落实到学生喜闻乐见的形式；开展如"我读书，我快乐"征文活动，把获奖文章分期分批地在墙报、校报上刊登，激发学生的阅读热情……在这些活动中，对学生取得的成绩，哪怕是一点点，我也要加以充分肯定。

这学期的期中考试后第二天，我们班就举行了一次轰动全校的充满仪式感的"讲故事比赛"。这次讲故事比赛，我邀请了学校的所有领导作为评委，申请使用学校的多媒体教室作为舞台，全班46个孩子，除了一个生病住院未能参加，其他孩子全部盛装打扮，登台演出。孩子们在整个比赛过程中精彩纷呈，当他们踏着欢快的音乐，从校长手中接到红彤彤的奖状时，自豪感油然而生，阅读的兴趣也极大地激发了。这一切，无不渗透着庄重的仪式感。教育的仪式感不是装出来的，是你用心了、你庄重了、你内心温暖了，才会让你的孩子在仪式感中，具备了爱与被爱的能力。

阅读的另一种升华就是表演。高年级的课本剧表演，是放手让孩子们自己去演。学写了课文《负荆请罪》后，我布置了课本剧表演。还未到天黑，才艺秀就开始展示了：有的是几个孩子集中在一个同学家里进行表演；有的是在小区的一角进行表演；还有的家长也参与了表演……第二天，依据第一天的点赞数，点赞最多的上台表演。

今年，我在新带的一年级也安排了课本剧的表演。低年级的课本剧表演，有"编剧"的精心策划，有"导演"的成功指导，有"演员"的倾情演绎，表演者要准确地把握课文内容，塑造出丰满的人物形象。逼真的表演就如同一场精彩的电影，让人回味无穷。

丰富多彩的读书活动，给予读书种子充裕的阳光，孩子们沐浴着阳光，在阅读的路上快乐地行走着。

（三）家校共育联盟——读书种子的空气

家校共育联盟是我今年在新带班级刚刚提出的新的名称，它的前身就是家委会。但是每个班级的家委会只有五位成员，有不少希望为班级服务的爱心人士受人数的限制，不能进入这个组织，为我们服务。所以，在第一次家长会上，我提出：我准备在班级建立家校共育联盟，谁有能力，有精力，自愿为孩子服务，为班级服务，小窗口私信我。此后，我们班成立了我在内的13位成员组成的2018级6班家校共育联盟。

家校共育联盟的作用如空气，无处不在。乐教乐学的作业检查，联盟成员姜宗煜妈妈主动承担了，她每天会在微信群里发布作业检查结果，并有不同的激励语言。班里每日读书作业有特殊情况完不成的，家长们也会在微信群里艾特她，她就是阅读作业的CEO——首席执行官。

期中考试之后举行的讲故事比赛更充分展示了家校共育联盟的魅力。主持人是权煜婷爸爸训练的；录像是代豪峰妈妈；摄影师是李正轩妈妈；协调员是赵晨曦妈妈；算平均分的是王格爸爸和姜宗煜妈妈；姜宗煜妈妈还负责写奖状。奖品提供也是家长们，从自行设计、印刷的辅导资料，到书包、铅笔等学习用品，再到零食，一应俱全。最让我感动的是，那天的讲故事比赛，在家校共育联盟的带动下，很多家长主动改变了角色，他们不仅仅是观众，还是组织者，主动维持学生秩序，为优秀奖发奖品，清理卫生等等。

正在进行的课本剧表演《守株待兔》，同样得到了家校共育联盟以及联盟吸引来的其他家长的大力支持。课本剧舞蹈动作的排练，我邀请了音乐老师编排，其他的则邀请刘依辰的妈妈当总指挥：音乐的合成、道具的制作、角色的安排、衣服的租借……全都被她安排得井井有条，我在整个过程中就是用手机记录影像。

家庭的温暖给了孩子成长的动力，学校的学习赋予孩子成长的能量，家庭与学校的密切配合才能给孩子一片更广阔的天空。家校共育联盟，为读书种子的成长提供了充足的空气……

（四）积分制——读书种子的水分

山东华之梦的积分制这两年在平度教育大地上风生水起。我的积分制管理没有那么轰轰烈烈，就是一个小小的标有全班孩子姓名的积分榜。前些年，是自己用大版纸打线、画画、写字，全程纯手工制作的，积分过程就是手工用笔加分；这几年，自己掏钱在外面的广告公司花钱做一个，比纯手工的更美观、耐用。也不用手工加分了，买了小粘贴，往上粘星星，用小星星量化成分。今年，家校共育联盟提供了这个积分榜。

种子生长，不需要水分的天天浇灌，但却离不开水分的滋润，就如积分制在阅读中的作用。

根据孩子们的阅读基础水平和发展需要，我会每天布置一定量的阅读任务，我借助教师要对学生的课外阅读进行跟踪管理，在指导完成阅读任务的同时，不断地提出量和质的要求。周一至周四，有声朗读；周五，不仅是有声朗读，还会布置学生做读书笔记、写读书随感等，都有利于督促学生保质保量地完成阅读任务。课外阅读、读书笔记、读后感，在个别孩子看来是一种软任务，应付了事，完成率不高。积分制的使用，就有效地改变了这个问题。利用乐教乐学点赞而自动生成的最佳有声朗读视频或音频，可以获得加分的机会；读书笔记、读后感写得好的，可以获得加分的机会；每天的交流时光，交流角度新颖的可以获得加分的机会；自己主动读书，并能展示给同学们的可以获得加分的机会；在班级以及学校等举行的阅读活动中获奖的，也有加分的机会……

积分制，这个润物无声却有影的激励方式，积极引导着读书种子享受阅读的成果，感受阅读的趣味，领悟阅读的价值，形成阅读的信念。

我们的多彩班队活动

（五）师生共读——读书种子的肥料

孩子读的书，我是一定要读的，而且不管以前读过没有，都是会和孩子们一起读的。孩子们读《呼兰河传》，我也读，我读得比孩子们还要快。孩子们写读书笔记，我在朋友圈写读后感，让成为我的好友的家长们知道阅读，不只是孩子在读，我也读，用我的力量来抛砖引玉，激励家长也读。孩子们在交流时光谈自己的感受，我也和孩子们分享我对其中某些角色的理解。

我自己读过的好书，觉得适合学生读的，也会推荐给学生。比如我曾读过《哈利波特》，就先在班里问学生有没有人读过，结果有十多个学生举起了手，于是下课后我就在教室里把这十多个学生召集在一起，我们你一言我一语地大谈了一番，旁边围观的学生听得眼睛都亮了，纷纷表示也要去读。

很多时候，我给学生推荐的书都是因时制宜，不拘一格。电视剧《甄嬛传》热播的时候，我告诉孩子们，我也喜欢看这个电视剧，但我也看书了，而且书中描述的要比电视剧中的情节更生动、更美妙。电视剧中对很多情节都作了删减甚至改编，远远不如原著精彩，人物的形象与原著中比起来也太过单薄和片面，那只是导演和演员的理解，并鼓励他们多读原著，如四大名著。在我的带动下，结合着六年级读书推荐目录，很多学生都买了《三国演义》来读；有时推荐的是与所学课文相关的书籍，如学了《莫泊桑拜师》这篇文章，我就推荐学生读莫泊桑的代表作《我的叔叔于勒》《项链》……

我还经常利用杂志铺等免费赠书的机会，给孩子们获得赠书。有一次，我参加了杂志铺的"我为学生荐好书"活动。杂志铺免费发过11本书，要求全部读完，从中推荐最适合孩子读的5本书，并写出100字左右的评论。我推荐的5本书中了4本，获得了银奖——600元。我全部购买了书籍，并作为班级阅读奖励赠送给了阅读明星；有时候，我也会自掏腰包，在网上购买活动打折的整套书籍，作为奖励赠送给月度明星；闺女读完的书，我也会拿到班里去和学生们一起分享。

师生共读，就如滋养着读书种子的肥料，让读书种子更加蓬勃生长。

雅斯贝尔斯说："教育，意味着一棵树摇动另一棵树，一朵云推动另一朵云，一个灵魂唤醒另一个灵魂。"而我，愿意和所有的同人们一道，做一个播种的人。我们携手为一颗颗种子，相信这颗颗种子会穿越泥土的黑暗，最终完成它们的使命，开成一朵朵火树银花！

2018年12月26日

走进《天局》

看到24期"百班千人"的入选通知，心中很是兴奋：可以跟着专家，和全国的同行一起来读同一本书了！全国"同读"，一定会有许多可以借鉴的地方！

两个班的家长一呼即应，两大箱子的书很快就在两位热心妈妈的全程服务中抵达教室。

在网上提前查找了这本书的资料，有的人说这本书读起来有点儿难。忍不住，我自己先带回家读了起来。

书的封面有点儿惊悚，和以往经常带孩子们阅读的童真绘本很不一样。翻开，又发现：这本书的文字量明显大了很多；句子的描绘相对于二年级的阅读也有一定的难度。心里便想：这本书，得慢慢走，慢慢读，慢慢地……

这本书和围棋有关，从上周开始，我就特意邀请了专业的围棋老师，让围棋走进课堂，让孩子们先喜欢上围棋。

12月9日，周一，新书见面会。我拿着书，让孩子们看封面，问："你们看到了什么？"

孩子们回答：

"这本书的名字是《天局》。"

我们的多彩班队活动

　　"书的作者是矫健，绘画是尧立。"

　　"这本书是我们青岛出版社出版的。"

　　"封面上有一条黑龙，一条白龙，有一个棋盘，还有许多小人……"

　　我接着问："猜一猜，这本书会发生什么故事呢？"

　　孩子们各抒己见：

　　"一条白龙和一条黑龙在打架，还有许多小人在下棋。"

　　"这本书和围棋有关，我觉得白龙会赢。"

　　……

　　没有让他们说很多。告诉他们，今晚回家继续猜想，做一份阅读日记，看看谁猜得最精彩。

　　12月10日，大家来分享一下自己的猜想。你来说，我来讲，不亦乐乎。

　　周末，跟着专家开始读书，先探究书中的人物。我一边听课，一边在群里鼓励孩子发言。

　　专家引领读《天局》，不是通篇读，而是先抓住人物来读，找出表示人物性格的句子，让孩子们来品悟人物品质。果然，在读出人物性格之后，这本书马上就简单了很多。

　　专家又引领看画面的颜色，从颜色中理解人物的特点。这的确是阅读绘本的一种好方法。

　　一本小小的绘本通过简单的文字和生动形象的画面激发了孩子们的想象力，打开了孩子们探索世界的大门。看着孩子们津津有味地讲述自己的猜想，听着他们那精彩又充满童趣的回答，相信在不久的将来，我们也可以看到孩子们身上散发出从绘本中学到的人格魅力。

2019年12月15日

和孩子们一起读《绿野仙踪》

李兆朔今天又带来了一本书给我，说："老师，这本书我看完了，借给你看一看。"

这本书比平常的书既大，又厚，外面还带着一个盒子。我猜里面的内容肯定和我们平时阅读的书不一样，再一看，正是我们本学期的课外推荐书目《绿野仙踪》。

我忍住好奇心，欣然接过，"好啊，谢谢你，正好我和同学们共读一本书。"兆朔微笑着离开了办公室。

孩子刚一离开，我就打开了书，哇，原来这是一本立体书！我赶紧招呼办公室的刘静老师，"静，快来看一看这本书，太好看了！"

小刘老师是一位小姑娘，她一听就赶紧凑了过来。我把书合上，又重新打开，一个旋风般的立体图形从书中间慢慢拉起，随之拉起的还有一个小姑娘，一只小狗和一栋小房子。

"这应该是多萝西和托托，还有小房子被龙卷风刮起来了。"以前我读过《绿野仙踪》，看到这幅立体的画面，我猜测到了故事的内容。

小刘老师年轻机灵，我的话音刚落，她就惊奇地说："对对，你看！"果然，在这一页其他的平面上就有简单的故事的情节。

我俩像孩童一样指着书上的字一板一眼地读起来，然后再惊叹："这龙卷风做得真像！"

"你看，小房子原来是扁扁的，龙卷风一卷，小姑娘和小狗就卷上了天，房子也拉成了一个立体的。"小刘老师是一位专业美术老师，她观察得比我仔细多了。

我们的多彩班队活动

小心地打开第二页，正中间的一栋小房子慢慢地展现在眼前，这栋房子比第一页中的小房子要大很多，"这应该就是多萝西和托托所在的那栋被龙卷风刮起来的小房子落地了。"我猜测着和小刘老师交流着。

我俩再头对头，用手指着文字读起来。读完了，我轻轻地摸着这个立体小房子："这是怎么做的呀？"

"段老师，你看，这儿是什么？"小刘老师指着房子旁边露出的一双银色的立体小靴子问。

"我都没注意到。"我不好意思地说，"这是小房子从天上落下来，正好把东方女巫压在了房子底下，把东方女巫杀死了，只有脚露在外面。"其实，我刚才还在想：第一页上有那么神奇的龙卷风画面，第二页为什么只有这么简单的一个立体小房子？原来，在房子的一个不起眼的地方，还有一个培养我们观察力的地方。

我俩兴致勃勃地一边猜测，一边读，在观察和阅读中，很快就把《绿野仙踪》的简单故事情节读完了。

小刘老师意犹未尽地说："好长时间，没有这么认真地读完一本书了。"

我合上书，郑重地说："我要带着这本书，到教室里和孩子们一起读。"

小刘老师不假思索地说："段老师，我和你一起！"

下午语文课，我和小刘老师一前一后地走进了教室。孩子们看到我俩一起进了教室，都很奇怪，我没有说什么。小刘老师走到了教室后面，我留在了讲台的前面，像平时上课一样，站在讲台中间，和同学们互相问好。

待孩子们坐好，我说："今天，我们来上一节读书课，一起来读《绿野仙踪》。"然后慢慢地从身后拿出书。这时候，李兆朔露出了会意的笑容，而其他的孩子则是满脸的惊奇。

我故作神秘，走近孩子们，小心翼翼地把书打开，指着慢慢拉起的龙卷风，问："孩子们，你们看，这是什么？"

李兆朔笑着说："龙卷风！"其他的孩子把疑惑的目光转向他，又转向我，我把书微微地一合，但还露着空隙，说："多萝西和亨利叔叔、艾姆婶婶住在堪萨斯州的一个农场。一天，一件奇怪的事发生了……"

我停下话音，把书放在身体前方，两手轻轻拉开，龙卷风扶摇而上。坐在前面的孩子看到了，开心地说："是，是，龙卷风来了，把多萝西刮走了！"

我保持书在身体的位置，把书合上，一边向教室中间走去，一边又慢慢地打开书，"一件奇怪的事发生了……"

坐在教室中间的孩子们也看到了，也喊起来："龙卷风来了，把多萝西和托托，还有房子都刮走了！"

这时候，教室后面的孩子已经站了起来，有几个甚至走到了我的身旁。

我没有批评站起来的孩子，更没有批评走到我身边的孩子，因为，这本书的魔力太大了！我拿着书，慢慢地向后退，说："是啊，这是龙卷风。龙卷风把……"把书放在一个孩子面前，这个孩子看着书，指着书中的立体图形，接着说："把多萝西、小狗、房子都刮到了空中。"再把书放在另一个孩子面前，"你看到多萝西和小狗了吗？"孩子用手摸摸图形，"看到了，被龙卷风刮起来了！"

教室后面的孩子，教室两旁的孩子，跟着我的书，跟着我的故事，慢慢地围了过来。

下课了，我们依然沉浸在这本立体书带给我们的故事中。稻草人、铁皮人、胆小狮、奥兹等等，一个个生动鲜活的立体形象；黄砖路，翡翠城，罂粟花，一幅幅颜色分明的画面……在轻松自在、探索观察、一问一答、互相补充中，一部世界名著在兴趣盎然中铭记于心。

后来，我发短信感谢李兆朔妈妈，她说："您让这本书发挥了它的价值，我们应该感谢您。"

2021年4月23日

我们的多彩班队活动

秋天观赏会

我是班主任，是一位教语文学科的班主任。一直有个心愿：春来的时候和孩子们一起寻找第一抹绿，徜徉在姹紫嫣红中；夏到的时候领着孩子们去瓜园里啃西瓜，坐在荷塘旁听蛙鸣；叶落的时候一起去赏秋，凝视一下那枝头最后一片落叶；下雪的时候去踏踏雪，循着香去觅一下那墙角一枝梅……语文就应该是这么诗意美好。

教室里，爱心家长一批批送来了各种各样的盆栽。忽然，秋天就来到了教室。趁着满屋的秋色，赶紧让孩子们去嗅嗅那花香，摸摸那枝叶，尝尝那果香……或许，孩子们就能感受到生活的美，体悟到语文的美。

于是"秋天观赏会"就随机而生，就有了这次师生共写，同题异绘。三年级的孩子刚刚尝试整篇习作，文笔还很稚嫩，却仍让我倍感欣慰，优秀作品太多，只能选择其中几篇分享。

昨晚，一个爱心家长送到教室一些盆栽，让孩子们观赏秋天。清晨，我早早地就赶到了学校。初升的太阳温柔地投进教室，映着教室后面空地上摆满的鲜花们，哦，对了，还有几盆果栽。

两个早到的孩子正围着那些花儿、果儿指手画脚地交谈着，我顾不得放下包，也欣喜地加入观赏行列。

五棵小果树首映眼帘，圆圆的橘子，是金黄色的，一个一个的半遮半掩地挂在绿叶之中。柠檬黄中透着绿，让我感到新奇的是：它椭圆形的果实不是挂在枝干上，而是缀在枝头。一个个胖嘟嘟的柠檬把柠檬枝压弯了腰，有点儿不负重荷。细心的商家把整棵树上的柠檬都用线吊着，唯恐把纤弱的枝条压断。另外一棵小果树的果实，就像一撮煮熟的鸡爪捏在一起向上伸着，却不知道是什么。

孩子们陆陆续续地到了教室，见到这些新鲜的植物，都满眼的好奇。我索性让孩子们都走到这些盆栽前，开一个"秋季观赏会"。

一个孩子指着柠檬说："老师，柠檬树上怎么还有线？"另一个孩子马上说："你看，不用线吊着，就把树枝压断了。""是啊，说不定还会掉下来呢。"还有一个孩子接着说。

我指着那盆长着像鸡爪一样果实的小树问："谁知道，这是什么？"李兆朔举手说："老师，那是金手指。"再看看果实，还真像。我把我的比喻说给大家听，孩子们也随着我做动作，然后纷纷笑着点头附和。

一盆一盆的花儿竞相开放。安静的康乃馨，密密匝匝地挤在花盆里，层层叠叠的花瓣一片祥和；小月季有的含苞待放，有的正浓艳地开着，像一个个张扬活泼的小姑娘；仙客来在绿叶中亭亭玉立，娇俏的脸或粉或红，极是孤傲。

还有一种花儿却是第一次看到。叶子是细长的，像极了我们家乡的一种野菜——野菠菜。然而，野菠菜是不开花的，这种花却开得很独特。花苞是鼓鼓的，鼓成一个小宝塔；有的花苞绽开了几层，绽开的花瓣就像观音娘娘坐的莲花托，衬着席地而坐的"宝塔花苞"；有的全都开放了，花瓣一层一层的你拉着我的手，我拉着你的手，环绕着里面黄色的细细的花蕊。

这是什么花？我不知道，孩子们也都摇摇头。

赶紧问问爱心家长，答曰："蜡菊。"

秋天在哪里？秋天在教室里，秋天在孩子们品尝的橘子、柠檬的香味里，秋天还在家校共育的情怀里。

附：孩子们眼中的"秋天观赏会"

今天，段老师给我们开了一个观赏会，有位爱心家长给我们班送来了很多植物和果实。

一进入教室，首先映入眼帘的是一盆盆香气扑鼻的菊花，有红色的，有

我们的多彩班队活动

粉色的，有紫色的……五颜六色，美丽极了！再细观察，一朵又有一朵的姿态，有的昂首开放，有的含情脉脉……姿态各异，令人喜爱。

教室的另一边有橘子树，金佛手，柠檬树。我最喜欢的是柠檬树，树上结满了又大又黄的果实，像一个个小灯笼一样。叶子碧绿碧绿的，像一只只绿色的小船。

这真是一次有趣的观赏会呀！

（彭子迅）

今天，班里一位爱心家长送来了很多植物，有美丽的月季花，红色的康乃馨……借此机会，段老师给我们开了一场别开生面的"秋天观赏会"，让我们观察这些植物。

我最喜欢的植物是柠檬。它的果实是椭圆形的，很像一条小船。皮很粗糙，还没熟的时候是绿色的，熟了之后有一股淡淡的酸酸的味道，还变黄了。剥开柠檬，酸味更浓烈了，如果尝一口，会酸得直流口水，绝对让你再也不想吃第二次。但是柠檬含有大量的维生素C，可以提高免疫力。柠檬的叶子也是椭圆形的，颜色是深绿色的。

我喜欢柠檬。

（杨曜瑞）

今天，段老师给我们开了一个秋天观赏会，我最喜欢的是一棵橘子树。

以前从来没见过橘子树，我一直以为橘子树是又高又粗的，可是这棵橘子树一点儿也不高。它有很多叶子，每片叶子上又有很多像锯齿一样的尖角。

橘子圆圆的，像一个个小足球，把树枝都压弯了腰。它的叶子绿油油的，像一把把小扇子。闻起来酸溜溜的，段老师给我们每人分了一个品尝，嗯，甜中带酸。

我还发现树下冒出了几个绿油油的小芽，我想：明年它会不会再结出几个果子呢？

我好期待呀！

（苗韶睿）

今天，段老师带领我们全班同学召开了一个"秋天观赏会"，好多植物都争先恐后地跑到我们教室里来了，有硕果累累的橘子树，清香扑鼻的柠檬，五彩缤纷的月季……色彩斑斓，美丽极了。

在这些植物中，我最喜欢的是橘子树，一棵棵橘子树像一个一个绿色的大绒球。橘子树上结满了红扑扑的，像小灯笼似的小橘子，这些橘子三五成群地挤在一起，正躲在绿叶底下说着悄悄话呢！

我走近橘子树，一股股清香扑入鼻中，馋得我直流口水，真想摘下一个一饱口福啊！段老师真懂得我的心思，一会儿就每人分了一个橘子让我们品尝。我小心翼翼地剥开，拿一瓣放在嘴里一嚼，酸酸甜甜的汁水顿时溢满嘴，真好吃！

秋天是个丰收的季节，我喜欢秋天！

（许睿忻）

今天，我们班开了一个难忘的"秋天观赏会"，我们个个都兴奋不已。

教室里摆满了各种植物，有结满果实的橘子树、柠檬树，还有很多漂亮的花，都发出阵阵香气。

我最喜欢的是一株金佛手，它的颜色因为是金色的，而且又像把手掌捏在一起的形状，所以才被人们称作金佛手。

我上去闻了闻，真香呀！好像橘子的香味，不过比橘子的气味还要好闻些。我又摸了摸，觉得有些扎手，这时才发现金手掌的头上又尖又硬，这应该是它用来保护自己的吧！我猜想。接着，我又摸了摸它的叶子，又小又薄，颜色还绿油油的，都紧挨在一起，好像是让我们多观察观察它们呢！

金佛手真奇特呀！你们也来和我一起观察它吧！

（樊心玲）

今天，段老师在我们班举行了"秋天观赏会"，这个观赏会是在教室里

我们的多彩班队活动

举行的。有一位爱心家长拿来了很多果实和非常漂亮的鲜花，有粉红色的月季花，有金黄的蜡菊，有酸甜的橘子，还有像鸡爪一样的金佛手。

其中我最喜欢的是金佛手，金佛手就像很多个鸡爪在一起似的，闻起来有一股柠檬的果香，但摸起来很硬。

它的叶子有深有浅，老的那些叶子颜色很深，摸起来有些凹凸不平。刚长出来的叶子颜色很浅，摸起来嫩滑。

这次秋天观赏会使我认识了许多植物，我喜欢这次观赏会！

（尹麒杰）

2020年10月26日

初夏观赏会

周末，带着工作室几个成员在青岛参加"2021年后疫情时代全国中小学班主任能力提升高级研修班"的学习。间隙，爱心家长给我发来视频，又为我们教室新添置了几种花，打开视频，静静地欣赏：一串一串的状如麦穗，花瓣如槐花的或紫或粉的花儿，那是鲁冰花，心里不自觉地哼起了甄妮唱的《鲁冰花》，"夜夜想起妈妈的话，闪闪的泪光，鲁冰花……"视频中还有一种花也在盛开，粉红色的花瓣，花瓣顶部颜色加深，变成玫红色，远看，如荷花的形状。爱心家长说这花叫姜荷花。还有一种如风铃般的紫色系的花，只不过这风铃应该是被某个仙女施展了仙法，倒挂在枝头，爱心家长说是大花风铃，真是花如其名。

忽然，我欣喜地看到几个小人儿，人参果！我心中狂喜地喊起来。要不是在学习中，我想我肯定会蹦起来。小小的，白白胖胖的果子，有的如调皮的孩童在花中荡秋千，有的躲在枝叶中酣睡，有的扒开绿叶窥探外面的世界，还有的三三两两地凑在一起，是在议论我们美丽的教室吗？抑或是好奇教室里小主人公们是什么样子的？

学习结束，匆忙往回赶。顾不上一天的劳累，决定先回学校看看花儿们。初夏的傍晚，夜来得比较晚，西方还有一抹抹彩色，风暖暖地吹拂着，周末的校园宁静而美丽。

停下车，直奔教室。气喘吁吁地一口气爬到三楼，推门进入教室，映入眼帘的依旧是整齐的桌椅和洁净的地面，黑板也是一尘不染。我知道，这也是爱心家长收拾的。每个周末，她和孩子都会悄悄地来教室打扫卫生。

讲台上是一溜的小太阳花，圆圆的，犹如小姑娘左顾右盼的脸庞。颜色虽不一，却如迎宾小姐姐一样煞是可爱。它们原来是在一个大花盆里，看来，是爱心家长给它们安排了一个新环境。

讲台旁边的小桌子上就放了一棵小人参果盆栽。我急急地走过去，凝视着那个挂在枝头的小人参果。眉眼清晰，就如电影《捉妖记》中的胡巴，憨憨的，微微地露着笑容。记得《西游记》中的人参果树是一棵粗壮的老树，树干上都长满了青苔。那棵树三千年一发芽，三千年一开花，三千年一结果，吃上一口人参果，能让人的寿命翻倍。那么，我们教室里的人参果能吃吗？他肯定不会让人生命翻倍，但味道是怎样的呢？

抬眼往教室后面望去，哦，终于见到歌曲里唱的"鲁冰花"的真面目了，不自觉地又哼了起来"夜夜想起妈妈的话……"一边走，一边端详这些花儿，和视频中的花朵不一样，它们真实地在教室里生长着，周一，它们会见到孩子们，孩子们也会见到它们，那时，孩子们会认识它们吗？会是怎样的表情？会说什么？

不妨，我们再来开一次"初夏观赏会"吧！

周一上午第一节课是数学课，为了让孩子们有新鲜感，我和数学老师调了课，实施我的"初夏观赏会"计划。

进入教室，孩子们的课桌上已经摆好了数学课本和练习本，见我进教室，他们很疑惑，我赶紧说："我和谭老师调了课，这节课上语文，下午第二节课上数学。"有的孩子"哦"了一声，大部分孩子就利落地收拾起数学课本，准备从书包向外拿语文课本。

我拍拍手，示意孩子们："不用准备语文课本，桌子上什么也不需要。"

孩子们一边坐好，一边眼睛看着我，眼里有的是问号，有的是窃喜，是啊，语文课不用课本？这节课肯定有猫腻！

我指着教室里的花，问："看，教室里多了很多的花，你们认识吗？"

孩子们目光从讲台挪到旁边，又挪到教室后面，然后摇摇头。

我端起一盆人参果，一颗小小的人参果在枝头晃悠着，孩子们的目光随即盯上了它。我来到教室中间，问："知道这是什么吗？"

"葫芦。""果子。"孩子们凭自己的经验猜测着。

我端着花盆，把那个小人儿凑近旁边坐的孩子，"看看像什么？"

他坚持自己的意见，说："小葫芦。"

我端着花盆，又向后走，问第二个孩子，"你觉得像什么？"

她犹豫着，后边一个孩子喊起来："像小孩儿！"

我端着花盆，走到他旁边，和孩子们说："刚才于子琪说像小人儿。"又转头问他："为什么像小人儿？"

他指着小小的人参果，说："我觉得果子上面是小孩子的头，下面是小孩子的身体。"

我朝他伸出右手大拇指，又端着花盆给他旁边的孩子观察，"看看像不像小孩儿？"

"像！像！"

"我看到了眼睛，还有鼻子！"

小人参果一晃一晃的，像是在枝头赞许孩子们的观察。

一个孩子喊起来，"我知道了，这是人参果！"我还没回应，其他孩子就附和起来："对对，是人参果！"

我会心地笑起来："是，这就是人参果。说起人参果，我想起了我们去年读过的一本书——"

孩子们又喊起来："《西游记》！"

"《西游记》里哪个故事有人参果？"我趁机带着孩子们复习读过的书籍。

孩子们七嘴八舌地讲起了孙悟空几人在五庄观吃人参果的故事，我放下人参果小盆栽，静静地听着，偶尔点拨几句。

当孩子们说起猪八戒吃人参果的时候，我说："关于猪八戒吃人参果，还有一句歇后语……"

我的话还未说完，孩子们又喊起来："猪八戒吃人参果——全不知滋味。"

"桃李不言，下自成蹊。"一盆花，不仅让孩子们有了新的体验，还在体验中感受了很多。

人参果旁是姜荷花。我招呼坐在前边的孩子，"你们来看一看，这种花和哪一种花像？"

孩子们欢快地跑过来，瞅瞅这朵，瞧瞧那朵，一个孩子弱弱地说："像荷花？"

我点点头，赞同地说："你观察得真仔细！这种花的名字是'姜荷花'。"

我又来到教室后面，指着围在一起的鲁冰花，问："你们认识这种花吗？"

孩子们摇摇头。

"在我上学的时候，我学过一支歌，里面就有花的名字。唱给你们听一听：夜夜想起妈妈的话，闪闪的泪光，鲁冰花——"我把这几天一直萦绕在我耳畔的歌唱给孩子们听。

孩子们迅速捕捉到了我的信息，"是鲁冰花！"

智利百合，铁线莲……我一一讲给孩子们听。

待我讲完观察纪律，宣布"初夏观赏会开始"的时候，孩子们迅速奔向了自己的最爱。摸一摸，拨一拨，闻一闻，嗅一嗅，有的自言自语，有的窃窃私语；有的静静观赏，有的眉飞色舞互相交流。

孩子们大都对人参果很感兴趣。刘金淼是这样写的：

今天段老师带我们观赏了许多花，有姜荷花、铁线莲、鲁冰花、大花风铃、智利百合……

其中我最喜欢的是人参果，尖尖的叶子像一把把芭蕉扇，有一些叶子翘翘的，有的却像大象的耳朵耷拉着。叶子旁边还挂着白嫩嫩的小人参果，像一个个棉花糖，也像一个个小婴儿。

为什么有些果实有眼睛有嘴巴也有耳朵呢？我想应该是女娲看这一个人参果太可怜了，想把它变成人，但是自己的魔法不够，只能变出一张人脸吧！

我很喜欢人参果，你呢？

文章较短，却写出了观察之后心中的想法，心理描写特别精彩。所以，我给了她一个A+，并让她在同学们面前朗读了自己的习作。这是她第一次获得这个荣誉，我觉得这或许也会成为她成绩飞跃发展的一个奇迹吧，我期待着。

苗韶睿的《人参果》也写出了心中的疑惑，他的想法和刘金澎的是不一样的，特别是看到人参果后的想象更让人忍俊不禁：

今天，我一进教室，发现教室里多了很多花。有姜荷花，大花风铃，铁线莲，智利百合，鲁冰花……可这些我都感觉不新奇，我一抬头，发现有一种花让我感到很新奇。

它叫人参果，我一听到这个名字，就想：不对呀，人参果好像吃了可以长生不老的，它能是人参果？

我仔细观察了一下，它的叶子是绿油油的，像一座山坡。它的果实硬硬的，白色的衣服穿在身上，有的像小西红柿大小，有的像刚出生的婴儿，还有的没有结出果实。我看到了一个像婴儿的果实，这让我大吃一惊，它竟然长出了一双眼睛，它虎视眈眈地看着我，好像是在说："小同学，小同学，快带走我吧，一直在树上，我很无聊，我们可以当个好朋友吗？"我很想把它摘下来，但那是不可以的。

这棵人参果树真有趣啊！

刘依辰的观察比他俩的要仔细，还观察到了茎上的刺：

今天早晨，段老师带领着我们观察教室里各种各样的花。有姜荷花、铁线莲、人参果、鲁冰花、智利百合、大花风铃等。

其中我最喜欢的是人参果。人参果的叶子是绿色的，如果再细致地观察会发现茎上有些毛。它的叶子跟平常看到的花的叶子是不同的，人参果的叶子却是往上长的。我想：人参果吃了真能长生不老吗？这个问题就在我的脑海中一直思考着，就在我思考着自己的问题时，一个同学对我说："你看，这个人参果好像是小猪啊！"我这才发现了，人参果的果实它长得既像婴儿又像小猪呢。

人参果的果实，像一个小婴儿一样，身体是椭圆形的，鼻子是个猪鼻子，浑身雪白雪白的，有一双大眼睛，果实上的把儿跟西红柿的把儿没什么区别，你喜欢人参果吗？

李兆朔的《人参果》又当之无愧地拔得了头筹：

今天早上，天空旷亮无比，段老师举办了一个"初夏观赏会"，让我们观察班里各种各样的美丽花儿。其中，我最喜欢的是一株盆栽，名叫人参果。

人参果的叶子是椭圆形的，大大的，像一艘深绿色的小船。人参果的茎是嫩绿色的，上面有一根根的小刺，大概是为了保护自己吧。

人参果的果实一开始是三角形的，雪白雪白的，后来渐渐地长大，竟然变成了一个刚出生的小娃娃：小眼睛、大耳朵、尖尖的鼻子，可爱极了。果实上方的叶蒂是五角星的形状，有点像西红柿。

我想：这人参果长相真奇特，难道是《西游记》中五庄观里的人参果吗？如果是，那么吃了会长生不老吗？但是五庄观里的人参果树又高又大，而这棵人参果树又矮又小，这到底是不是呢？

人参果真奇特呀！

苏霍姆林斯基认为：观察作文能够使学生产生"鲜明的思想""活生生的语言"和"创造精神"。是啊，同一株植物，同时的观察，不同的感受，不同的表达。这就是体验式习作的妙处。

图片为"初夏观赏会"时，孩子们正在观察人参果

2021年5月24日

"二人三足"游戏

《语文课程标准》对于四年级习作有这样的要求："观察周围世界，能不拘形式地写下自己的见闻、感受和想象，注意把自己觉得新奇有趣或印象最深、最受感动的内容写清楚。"四年级语文上册第六单元的习作是"记一次游戏"。写什么游戏呢？"击鼓传花"太老套；"贴鼻子"？参与进游戏的人太少……思来想去，还是"二人三足"吧。所有的人都可以参加，既是参与者，又是观众，还可以增强团队意识，一举三得。

周五的托管，我让孩子们收拾起了书本，背上书包，拿上我准备好的绳子，和赵老师一起，来到了操场，孩子们难得在正常的作业时间来玩游戏，分外雀跃。

当我把"二人三足"的游戏名称和规则告诉他们，换来的更是他们的兴奋和跃跃欲试。

游戏按四人学习小组分成12组，每组分两小组，共三轮比赛。第一轮为每组的第一小组，第二轮为每组的第二小组，两次比赛的前五名进入第三轮，竞争一二三名。

孩子们两两结对，各自伸出左腿和右腿，我蹲下身子，用绳子牢牢地把两条腿绑在一起。正在这时，杨朔爸爸也来到了操场，他和赵老师一起，加入了"绑腿"行动。

第一轮参赛的队员很快准备完毕，其他的孩子们在后面一会儿跑上前查看队员们腿上的绳子，一会儿又嘻哈着退回。游戏是孩子们最喜欢的活动。

我让他们站在篮球场地的边界线上，我大声喊着："预备——"孩子们鸦雀无声，眼睛看着我，随着我"跑！"字的落下，他们纷纷向前冲。没有进行过训练的"二人三足"，明显看出配合不佳。有的小组还没走两步就摔倒在地，然后迅速地爬起来，继续前行；有的行动缓慢，慢悠悠地你一步我一步地挪动。但，无一例外的，孩子们的脸上都是紧张的，都是积极向上的。没有参赛的孩子有的在原地喊"加油"，有的在外围和比赛的队员一起跑，竞争的场面热火朝天。忽然，我听到一声"一二，一二"的口号声，循声望去，是庞钧方和于子轩，口号是庞钧方在喊。我很欣喜：在口号中，两队员会步伐一致，最终取得胜利。我也希望下一组的孩子能观察到这个方法，并运用到自己的比赛中。

这一轮比赛在孩子们的呐喊声中很快就结束了。我像运动场的裁判一样，挥着手，喊着："第一！""第二！"……看着得第一的孩子狂喜的样子，看着名次靠后的孩子落寞的神情。我想：不管成绩如何，这都是他们成长过程中的一次体验，都会有收获。

第二轮的比赛很快就开始了。我在低头绑腿的时候，听到李兆朔对他的搭档说："我出左腿，你出右腿，我们方向相反。"然后听到一个愉快的回答声。我在心中窃喜：孩子们会提前部署作战计划了，这就是在活动中提升。

这一轮的比赛更加紧张。可能是第一轮比赛激发了第二组孩子们的竞争情绪，我的口令刚发出，就听到了"扑通扑通"的声音，好几组孩子跌倒在地。在孩子们的加油声中和他们顽强意志的感召下，又迅速爬起，跌跌撞撞向前走去。瞬间，我又很欣慰：孩子们在一次游戏中，收获的不仅仅是名次，还有不放弃的精神，这其实比游戏更重要。

两轮比赛之后，每组的前五名共十组孩子进入决赛。这时的孩子真正是严阵以待，摩拳擦掌了。一声令下，孩子们旋即出发，依然有跌倒，依然是继续追赶；依然有呐喊声，依然是兴致勃勃……我喜欢看孩子们热火朝天地活动，喜欢看他们在大自然中毫无顾忌地喊叫，喜欢他们和我在一起时的无拘无束。那时候，我仿佛和他们一样，也是一个孩子，也拥有大把的灿烂辉煌的明天。

活动结束，天已黑。孩子们意犹未尽，但兴趣盎然地背上了书包，随着放学大军出校门了。

中国教育学会原会长顾明远曾说过："没有爱就没有教育，没有兴趣就没有学习，教书育人在细微处，学生成长在活动中。"我相信，这一次游戏，孩子们的成长定在不言中。

附：孩子们的习作

齐心协力的"两人三足"

李兆朔

"加油！加油！加油……"咦，这个班级在进行什么活动？原来是我们四年级一班在玩"两人三足"游戏呢！

这个游戏的规则很简单，两个人组成一个组，将第一个人的右腿与第二个人的左腿用绳子绑起来，多个组竞赛，哪个组率先在规定场地内跑完一个来回，哪个组就胜利。

段老师首先给我们进行了分组，每四人一个组，每组各出两人来参加第一轮比赛。

我们组派了任桐汝和王瀚玥两个人打头阵。

段老师用绳子把每个组比赛的人的腿绑在一起。随着她一声令下，任桐汝和王瀚玥就冲了出去。由于那两条被绑着的腿无法动弹，再加上动作不一，她们很快就慢了下来，被别的组超越了。我非常着急，心想：任桐汝你们快点走啊，不然你们就倒数了！突然扑通一声曹硕和刘金澎摔倒了。我心里又紧张起来，担心她们因摔倒而落在后面。虽然她们很努力，却也只获得了第七名。

第二轮比赛，终于轮到我和刘艾琳参赛了，段老师用绳子把我们的腿紧紧地绑在了一起，我非常紧张，我想：这次一定要拿第一名！于是我对刘艾琳说："待会儿我迈左腿，你就迈右腿，明白了吗？"刘艾琳点头说："明白了。"忽然，我们听见段老师大喊一声："预备，开始！"我们就一瘸一拐地冲了出去，我拼命地摆动着我的腿，想取得第一名。但是一会儿，我们就因为配合不好而慢下来，我一边走，一边东张西望，发现已经有超过我们的了，我很着急，又听见别人在为前面的人喊："加油！荣忠智！加油！崔华轩！"我更着急了，走得更快了，恨不得一下子就冲到终点，可是，欲速则不达，我的步子加快了，刘艾琳还保持原速，我们因此差点摔倒了。这下好了，走也不能走快，一回头，有人都快到终点了，而我们只能干瞪眼。等到我和刘艾琳到达终点时，已经有六个组到了，我们只获得了第七名，我非常失望，心想：如果我们能齐心协力就好了。可是为时已晚。

最后，段老师把前两轮比赛的前几名组织起来，进行了总决赛，最后的冠军是刘依辰和彭煜坤。

通过这次游戏，我明白了一个道理，如果两个人想把一件事情做好，那就必须要齐心协力，配合默契。

我们的多彩班队活动

齐心协力两人三足
杨 朔

听到两人三足，大家会不会有所疑惑呢？什么是两人三足？哦，原来两人三足是用绳子把一个人的左腿和另一个人的右腿绑在一起，然后开始跑步比赛，看谁最后是赢家。

今天下午，我们在段老师的组织下进行了一场两人三足游戏比赛。我们两人一组，我和同学郭家祎分为一组。比赛前，赵老师分别给我们绑上红绳。我小声地对郭家祎说："比赛时，我喊一，我们伸没有被绑的腿，我喊二，我们伸被绑的腿。"

准备活动完成后，游戏开始了，这游戏极其考验我们的团结能力。我的怀里好像揣了一只小兔子，"怦怦"直跳。只听老师一声大喊："预备，跑！"我们各组便飞快地向前方跑去。于子琪一组刚开始倒还不错，但跑着跑着，由于步伐不一致，栽了跟头；于子轩和庞钧方就更有趣了，一蹦一跳地往前跳跃；我和郭家祎也不甘示弱，边跑边喊着"一二、一二"终于到了对面开始折返，忽然，我听到啦啦队在喊"加油！加油！"我们顿时来了精神，铆足了劲往终点冲去。最终，我们在这一轮比赛中取得了第四名。

第二轮比赛开始了，我成了观众。"预备，跑！"老师一声令下，同学们飞快地向前冲去。张姿彤和方艺昕一瘸一拐地走着，好似两个相互搀扶的伤员；刘益硕和徐明轩由于配合不得力，摔了一个又一个跟头……

整轮比赛结束后，老师宣布每轮的前五名晋级决赛。我和郭家祎也晋级为决赛的一员。

决赛马上开始，我和郭家祎的眼睛紧盯着老师的手，老师手往下一挥，我们便飞快地冲了出去。我们的手不停地摆动着，腿也一步一步飞快地向前移动，心里只有一个念头：不能让别人超越自己，加油！同时还要保证我们的步伐一致，快而不乱，方能取得胜利。终于折返了，刘依辰和彭煜坤一组已超越我们很远；于子轩和庞钧方一组和我们相差不多，还朝我们笑呢，仿佛在说：
"来呀，追我们呀！"我们奋力追赶，速度也加快了，努力赶超他们。可由于
我和郭家祎个子比较矮小，腿也相对的短，最终败给了人高腿长的于子轩和庞
钧方，最后我们得了第三名。

虽然这次比赛我们没有得冠军，但我们玩得很高兴，同时加深了我们同
学之间的默契，懂得了团结的重要性，团队的力量才是最强大的。

"历史人物事迹"故事会

走出教学楼，已是漆黑一片。学校周边的楼房和商铺已亮起了五彩斑斓
的灯光，照得校园也一片明亮。初冬的夜晚，暖暖的。

赵老师和我一边往外走，一边说："今天的比赛，孩子们有了很大的进
步，徐明轩也能流利地讲出来了。"

"是啊，孩子们长大了。这个比赛，我是孩子们打疫苗在家观察期间布置
的，没想到，他们都准备得挺充分的。"周一上午，我们级部接种第二针新冠
疫苗，周一下午和周二居家观察，我就发了"历史人物事迹故事会"的通知，
今天，孩子们的表现和三年级相比，发生了质的飞跃：能用自己的话讲故事，
而不是单纯地背课文了，所以，故事会很顺利。听赵老师这么一说，我很
自豪。

周三回到学校，孩子们就迫不及待了。

"老师，什么时候故事比赛？"

"老师，历史人物选课本上的可以吗？"

"老师，选课外书上的可以吗？"

……

一个个问题，可以看出他们对这次故事比赛的重视。其实，每个学期都会进行故事比赛，比赛的内容都是围绕阅读进行的。我认为，小学生的阅读，特别是低中段的孩子，很多的阅读是无效的。而想要一个有效的阅读，故事比赛就是一个很好的促进方式，也是一个很好的互相学习、交流的方式。讲故事比赛，不仅是"讲"，还要"听"，也就是不仅仅在准备自己的故事比赛中熟练掌握了自己所讲故事的内容，还听到了其他孩子的故事内容，一举多得。所以，我这个语文老师，每个学期，都会非常奢侈地拿出一个下午或者两个下午的时间来开故事会。

周五下午，我们的故事比赛开始了。中午在班级群里邀请几位家长参与活动，杨朔爸爸，荣忠智、荣忠硕的妈妈，刘金涤妈妈，张家泽妈妈积极报名。

既然是比赛，仪式感是必须有的。下午第一节课，我把比赛奖品一一准备好：11个鼓励奖为《革命战争时期发生在平度的主要战斗》书籍；20个三等奖，在书籍的基础上，增加一个笔记本；二等奖10名，在书籍的基础上，增加一个日记本；一等奖，在书籍的基础上，增加五盒精美饼干。

每人一本的《革命战争时期发生在平度的主要战斗》，是我在学校办公室淘的"宝贝"。用这本书做奖品，还有一个目的：择期进行我们的第二次"追寻家乡红色记忆"主题班会。

我的奖品刚准备好，李兆朔妈妈给我发来微信：给每个孩子准备了一盒肯德基蛋挞，作为奖品。

我又邀请赵老师参加故事比赛，赵老师也欣然应允。五人组的评委团成立。我是专职摄影师。

下午3点，家长们陆续到齐，手里还提着各种小礼物：薯片、饼干、果冻等等。我们班的家长都具有大爱之心，不仅在行动上支持配合我，还毫不吝啬地提供物质资助。

没有烦琐的主持环节，在征得孩子们的同意后，我们从右后侧往前轮流上台展示。故事比赛过程有条不紊。

除了课本中的"王戎""纪昌""扁鹊"，孩子们讲的历史人物还有很多：屈原、诸葛亮、匡衡、孔融……讲的孩子声情并茂，听的孩子津津有味。我适时地加入几个问题，换来孩子们热烈的抢答，再用家长提供的小食品作为奖品回馈，以吸引孩子们认真聆听。

比赛中，李兆朔妈妈搬来了一箱的蛋挞，刚烤出来的蛋挞散发着浓郁的香味，教室后排的孩子们使劲地嗅嗅，然后，再专心地听故事。

孩子们的确长大了，这不是我第一次发出这样的感慨了。进入四年级以来，孩子们明显地有了规则意识。偶尔的坐不住，偶尔的窃窃私语，都能在老师的目光下自觉改正。回想上一次故事比赛，还有很多孩子上台就紧张得忘词。而今天的比赛，孩子们落落大方的仪态，充分展示了一份份自信，看到这个改变，作为一名教师，特别是班主任，我们怎能不努力解放思想，让自己为孩子成长助力？看到自己孩子的表现，作为一名家长，怎么会不给孩子成长提供最有利的机会？

不知不觉，已是华灯初上。

当孩子们拿着奖品，兴高采烈地背着书包离开教室的时候，忙碌了一下午的我也是幸福的："让每一颗星星都闪亮"，是我的教育理想。

2021年12月3日

我给山区的孩子写封信

和大倚小学的孩子见面已经过去将近半年了。去时是夏天，现在是冬季了，很想再为他们做点什么。

第七单元的习作《写信》，忽然让我灵机一动：就用一封信把我们关爱留守儿童的心意来传达一下吧，让这封信变成一封友谊的信件。

我先在班级群里向家长们发出了一个倡议：

各位亲：

暑假时，我们班级和广西桂林灌阳县黄关镇大倚小学进行了手拉手活动。大倚小学是一个村办小学，只有1—3年级，学校里的孩子大都为留守儿童，孩子的父母几乎都在外地打工。虽然这几年，国家一直在帮助、扶持贫穷地区，但是，他们的生活的确还是比不上我们。为了继续增强孩子们的互帮互助意识，让孩子们从小拥有一颗为社会、为国家、为他人无私奉献的心灵，我发出倡议：把孩子们穿小的春秋季外套或毛衣清洗干净，下周一让孩子带到学校，我统一邮寄给他们。本活动自愿。谢谢大家。

这个倡议得到了家长们积极响应。

然后我联系了大倚小学的陆丽萍校长，把我想让孩子们利用一封信来传达友谊的想法，以及想给孩子们捐赠衣服的想法作了交流。陆校长很感激我还能记得山区的孩子，表示一定积极配合我们的活动。

暑假参加活动的孩子只有少数，为了能让所有的学生都了解大倚小学，我又请陆校长录制了几个小视频。很快，陆校长就发过来几个视频，有旧校区的，也有新校区的，能看出每一个视频，陆校长都费了很多的心血。我把几个视频进行了剪辑，又附加上了暑假时孩子们去大倚小学参加活动时的部分照片，编辑成了大倚小学的简介。

随同视频发来的，还有大倚小学部分孩子的书信。

写作课如约而至。

我先和孩子们一起学习了本次习作的内容，然后和孩子们一起来讨论本次习作的写作对象，一共有三种，一种是父母或其他长辈，还有一种是自己的同学或朋友，第三种则是陌生人。随后，引导孩子们来学习书信的正确格式。这一切，十多分钟搞定。

剩下的时间我就让孩子们进行随堂小作文练习：给爸爸妈妈或其他长辈写一封信，当然也可以是老师。任务布置好之后，孩子们翻开作文，有的瞅着本子在凝神思考，有的开始奋笔疾书……我巡视着孩子们的习作，只有几个是写给我的，还有个别写给奶奶、姥姥的，大部分都是写给爸爸妈妈的。也就是说，孩子们最容易和朝夕相处的人来交流自己的情感。

我很喜欢这种当堂作文，不仅检验了孩子们的学习情况，还锻炼了孩子们的即兴习作能力。当然，这种当堂习作，一定是在孩子们有话可说的基础上，而写信，尤其是给自己熟悉的人写信，每一个孩子都是满肚子的话要说的。

第一节课顺利完成。

第二节课，我又打开了课件，告诉孩子们：第一节课我们练习的主要是书信的格式，那么这节课我们再来进行一次书信的练习，这一次的写作对象就是给远方的陌生人。说到这里，很多孩子发出了"咦？"的声音，有的孩子更是坐在座位上，满脸疑惑地望着我。

我说："虽然是陌生人，但是对有的同学来说已经不是陌生人，而是朋友。"说完，我就播放了我制作的大倚小学的简介片。

孩子们认真地看着视频，听着陆校长的讲解。参加过活动的孩子们一边听一边漾起笑容，我想这时候他们会想起那个时候的美好时光吧？而没有参加活动的孩子们则一脸好奇地看着视频，从他们的面容中，我读懂了他们的心思：他们也想了解千里之外的广西山区的孩子教育环境是怎样的，生活状况又是怎么样的。

视频播完了，有几个孩子按捺不住好奇，开始交流起来。我拍拍手，告诉他们："本次习作的写作对象就是给大倚小学的同学们。今年暑假的时候，咱们班里已经有几位同学和大倚小学的几位朋友成了手拉手伙伴，那么，你们想不想拥有一个手拉手伙伴，来互相交流学习情况？或者交流一下你们喜欢的事情呢？"孩子们纷纷回答愿意。

我又把大倚小学孩子们写的信读给孩子们听，加深孩子们对大倚小学的了解。告诉孩子们本次习作需要仔细斟酌一下，周末回家去完成。

与此同时，家长们在家中也开始准备捐赠的衣服了。

周末，李兆朔妈妈用微信发来一张儿童新衣服的照片，还有一段文字："段老师，这是新衣服，山区孩子过年穿。捐赠的旧衣，平常日穿。"图片有男孩的衣服，也有女孩子的衣服，还有，女孩的发卡、头花，语言简短，心意厚重。

张家泽妈妈说："段老师，家泽太皮了。我挑了几件还能看得上眼的衣服，又买了两件外套，略表心意。我们是一个大家庭，比起其他家长我做得真是微不足道。孩子跟着你学到了很多，周五放学，家泽跟我讲大倚小学和航空的视频，讲了一路。跟着您，我们很幸福。家泽很希望有一个手拉手伙伴。"

崔华轩的妈妈说："段老师，在家找了不少衣服，孩子拿不了，让孩子爸爸周一送过去吧。我们想让远方的孩子们感受到温暖，让冬天不再寒冷。"

刘佳欣妈妈更是发给我一段长长的话："谢谢您段老师，谢谢您带给大倚小学孩子们的温暖和礼物，刚刚兆朔妈妈把买的衣服发给我看了，还给佳欣留了一套，我刚刚看了大倚小学孩子们写的信，想到了我小时候。我也是留守儿童，好大了都记不清妈妈样子，因为妈妈很少回来，都是跟着爷爷奶奶。上三年级了我才被我爸妈接去，所以我特别理解这些孩子们。段老师是您在这寒冷的冬天给孩子们送去了温暖，这可能是孩子们第一次感受到除了家人以外的关心和爱。我希望这些温暖能种在他们心中，他们带着对外面世界的向往能好好学习，长大了能走出大山，走到更远的地方去看看。我真的很感动段老师，谢谢您为孩子们提供了这么好的交流机会。"

周一孩子们的习作草稿交了上来，还带来了捐赠的衣服，放满了教室后面的空间。

周二下午，佳欣妈妈联系我："段老师，衣服交给我来发吧，我有合作的快递。"

周三上午的体育课，趁孩子们离开教室去上户外体育活动，我和赵老师一起把衣服打包，衣服里竟然有好多家长买的新衣服。

关爱他人，爱心无限，虽然这只是一件衣服，但却是家长和孩子们这种大爱无疆的体现。或许通过这一次小小的活动，孩子们能感受到父母陪在身边的幸福，进而尽我们所能去帮助有需要的人。

中午放学的时候，刘佳欣妈妈和司机一起开车把衣服拿走。

当这辆车满载着我们的心意，驶出校园的时候，我的心顿时溢满了暖意，仿佛这些衣服已经走到了大倚小学，这些衣服已经穿在了大倚小学的孩子们身上。我还仿佛看到了他们高兴的样子。

于是，我又深深地感慨：我非常感激孩子们和家长们。我只是一个活动的小小的倡议者。但是我的这个倡议得到了很多人的支持，得到了很多人的赞同。这应该就是志愿活动的魅力吧。我觉得在很多人的心里，其实都想去帮助别人，但是没有组织者，没有倡议者，所以大家都不知道如何来表达自己的这种想法。

那么，我就做这样的一个连接志愿情结的人吧！

2021年12月19日

我们的多彩班队活动

体验类班队活动——探索世界的
紫色梦想

在我的童年记忆里，节假日是自己的，是属于大自然的。农忙时，田野是我们的乐园。和大人一起割麦子、掰玉米、刨地瓜……在一季一季的劳作中，各种庄稼、野菜的模样、特点随手拈来，各种工具的使用更是游刃有余。农闲时，大街小巷，树林河流，都是我们的天地。和伙伴们一起跳房子、踢毽子……直到炊烟袅袅，在大人们的呼唤声中才依依不舍回家。在那个经济不是很富裕的年代，我们把吃完冰糕后剩下的冰糕棍，拼插成小扇子；我们满大街捡拾小石块，再磨成没有棱角的石头，装在口袋，随时随地，伸手一掏，蹲下就可以玩"拾把狗"游戏；陀螺、毽子……所有的玩具我们都可以自己做，自己也都会做。所有的制作材料都来自大自然，也就是现在所说的"废物利用"。当然，玩游戏的过程其实也是炫耀自己作品的过程。

这一切，至今我都津津乐道。

而现在，孩子们的节假日是兴趣班、辅导班，是从学校的教室挪到另一个室内。大自然，只是他们匆匆上学路上的风景。

于是，我很想让他们解脱出来。我想让孩子们在这个时间里去接触大自然，呼吸大自然的空气，体验大自然馈赠的礼物，补充还未汲取到的知识，从而更加全面地提升自我，做同龄人中的佼佼者。

体验类活动在孩子成长的过程中起着至关重要的作用，它们给孩子的行程留下的不只是记忆，还有梦想。

紫色，是梦幻的，充满梦想。

图片为2021年7月28日参观平度市蓼兰镇五虎将纪念馆时拍摄

"山水桂林，美丽中华"研学行

刘佳欣妈妈老家是广西桂林，为了让孩子们领略桂林的山水美，体验不同地区的风俗，感受祖国雄美的河山，2021年5月，她便邀请部分家长带着孩子一起走进她的家乡。6月中旬，12个大人和9个孩子组成了"山水桂林，美丽中华"研学营。

活动的筹措是很繁杂的。作为组织者，刘佳欣妈妈主动承担了研学活动的总策划任务：日程安排、住宿、交通……张姿彤爸爸和妈妈购置机票，订制了统一的活动文化衫，联系好了平度到青岛的往返车辆；杨朔爸爸妈妈为活动

我们的多彩班队活动

准备了横幅、活动太阳帽；李兆朔妈妈印制了桂林知识画册，提前为研学做好了攻略；我策划了孩子们与桂林长倚小学的手拉手活动；孩子们用自己的零花钱为手拉手伙伴购置了礼物……

一切伴随着孩子们的期末复习悄悄地进行着。

暑假开始，刘佳欣和妈妈提前出发，为研学做最后的准备，只待我们启程。

7月10日（第一天）

筹划了一月之久的桂林行终于在今日踏上旅程。这就算踏上旅程了吧？我觉得应该算的，3点在家乡平度集合，3点30分出发，5点多到青岛流亭机场，然后机场就餐，按照航班信息：7点10分的飞机，9点50分到达桂林。

这一切对于第一次坐飞机的我还是有很多期待的。因为恐高，之前的出行我宁肯选择绿皮火车，也不敢坐飞机。但，任何事情总归要去尝试，这一次，有大小伙伴们同行，我毫不犹豫地接受了挑战。走之前，孩儿她爹嘱咐我："上下飞机时，耳朵会不舒服，多吸气，鼓一鼓耳朵。"我心中想：我能行的。

今天的温度挺高，太阳也格外的艳。顶着烈日，3点多一点儿，我和闺女兴致勃勃地和伙伴们会合了。张姿彤爸爸联系的大巴在5点多把我们送到了流亭机场。杨朔爸爸和张姿彤妈妈帮忙换出了机票，然后，把行李托运。我们就分散开，各自就餐。我带着闺女和任桐汝三口一起吃了红烧牛肉面，口味有点儿重，太咸。匆匆吃完饭，集合安检。安检的小姑娘很认真，仔细地扫着身上的任何一处。

候机大厅人员拥挤。国家的航空业的确很发达，人民的经济水平也大幅提高了，来来往往的乘客们操着不同地方特色的普通话。

匆匆来到我们的登机口，发现屏幕用红色显示"延误"二字，闺女查了查信息，"预计10：03起飞"，我们找了座位，在旁边开始等待。

困意一阵阵袭来，我倚靠着排椅竟然迷糊了过去。只听得"段老师，段老师，登机了，登机了！"我迷迷瞪瞪地睁开眼睛，登机口已排起了长队，排在前头的乘客已检票走进了通道。然而，仅仅几分钟，工作人员又告知："继续延误。"

瞬间，心情低落，我问闺女："现在几点了？"闺女用手机拨开时间，"9：15"。我们呆呆地站在原地，好一阵子都没有动。张姿彤妈妈联系了先期到达桂林的刘佳欣妈妈（她已在桂林等待我们），取消了今晚去阳朔的计划。然后，我们默默地回到座位又坐了下来。再看航空信息，这时，显示凌晨1点多起飞。

孩子们在旁边嬉戏着，欢笑声不绝于耳，他们，只要有伙伴，就是一次旅行。头顶隆隆的飞机起飞、降落的声音此起彼伏。大人们，没有了刚开始的热烈交谈。

终归是踏上了旅途，虽然，历经了8个多小时，只是平度—青岛。

遥远的桂林，明天见。

附：李兆朔的习作

今天要坐飞机去桂林了。

下午2点左右，我和姥姥、妈妈到了杨叔叔家，大部分人都没有到，我和杨朔在屋里折纸飞机，大人们则在客厅里聊天。

过了一会儿，大家陆陆续续地来了。我们上了一辆蓝色的大巴车，一路上欢声笑语，约1个半小时后，到达了机场。

办理好托运后，我们分别开始吃饭，美美地吃完饭后，过了安检，在登机处找了一个座位，耐心地等待着。好不容易时间快到了，可大厅显示屏上却显示"延误"，估计得晚上10点才能起飞。

我和同学们有时在一起玩游戏，有时欣赏飞机场上的夜景，有时去商店看看……9点左右，可以登机了，检完票，就上了摆渡车，还没有站稳，工作人员通知我们不能登机，还要继续等候，我有点失望。不知不觉到了晚上12点，飞机终于要起飞了。

到达桂林的时候，已经是凌晨3点多了，桂林机场除了几位工作人员，几

我们的多彩班队活动

乎没有人。

　　出了机场，也不在乎天气的闷热，只想找个地方赶快躺下睡觉。终于盼来了宾馆的车辆，一到宾馆，劳累的我们呼呼大睡起来。

　　这次坐飞机真是累啊！从家乡到桂林用了13个多小时。

7月11日（第二天）

　　今天凌晨3点多，延误了的飞机终于降落在两江机场。踏出机场，一行人抛却了所有的不快情绪，呼吸着桂林潮湿的空气，"桂林，我们来了！"

　　因为临时改变了路程，刘佳欣妈妈连夜给我们找了机场附近的一家民宿，两辆商务车把困乏至极的我们安顿了下来。

　　醒来，已将近8点。随意走在机场所在地——两江镇，这里竟然是李宗仁的故乡。

　　我们的第一顿饭，品尝了桂林小吃——米粉。小小的米粉店弥漫着浓浓的螺蛳粉味，让我们大快朵颐。我一边吃，一边打量着店外面叽叽喳喳说话的人：几个小孩子，几位看孩子的妇女，典型的南方人特征：颧骨高，瘦小。我还惊奇地发现：这些妇女，不论年龄大小，都梳着一个辫子，缠成丸子裹在头顶或后头。这一发现，让我在以后的游览中格外注意中年妇女。米粉店老板娘和我攀谈了起来，这是一个面庞较圆润的恬静少妇。"你们是来旅游的？""你们是哪里人"等等，指着女儿又说："你们是母女俩吧？"她这话引来了旁边一位大娘的诧异，她一头花白的头发，一只手抱着一个孩子，叽里呱啦地说了几句话，老板娘微笑着和她对答，我茫然，但感觉在说我们。老板娘随后转头一如既往地微笑着说："她以为你们是姐妹俩。"我瞬间心花怒放，朝着还在惊奇的大娘连声说："谢谢您！"

　　上午，我们来到了阳朔的"世外桃源"，接待我们的当地导游是一位60多岁的大娘，她戴着一顶斗笠，慈祥的面容，摘下斗笠，赫然一个小辫儿。她告诉我们：这里可以坐船游览所有的风景，但是建议我们绕山走一圈，不是为了省钱，而是因为这样不仅可以看风景，还能随时随地拍照。

一行人走走拍拍，放眼望去，青山奇峰，峰峰兀立；阡陌纵横，屋宇错落，未经雕琢的大自然风光。几个身着原始服装的男子随鼓声呐喊起舞，我们隔岸喊好，他们舞得更起劲了。一路上，山倒映在水里，水映衬着天，岸边竹林被风一吹，相互拍打，吱吱嘎嘎地欢笑着。桃园掩映在山林之中，宛若陶渊明笔下"有良田美池桑竹之属"的桃源画境。

　　在这儿，我们看到了碧绿的橘园，小小的橘子躲藏在枝叶中，仔细打量才能看见；在这儿，我们看到了遍地的桂花树，猜想着八月桂花遍地开的馥郁气味，会不会香飘十里；在这儿，我们看到了柚子如葫芦一般挂在枝头，绿绿的，和想象中的柚子没有共同点；在这儿，我们顶着荷叶伞，赤脚在水中戏水……

　　桂林的第一站，让我们乐不思蜀。

　　下午，我们到了遇龙河进行漂流。遇龙河是漓江的支流，人称"小漓江"，不是漓江胜似漓江。

　　一个竹筏只允许乘坐两个人，任桐汝妈妈和方艺昕妈妈分别带着弟弟，杨朔爸爸和张姿彤爸爸则主动充当了方艺昕和任桐汝的临时爸爸，我们这个大家庭，走到哪里都是互帮互助的一家人。

　　坐在竹筏上，艄公一枝竹篙就稳稳地启程了。置身山水中，清清凉凉的空气氤氲四周。天是蓝的，云是白的，水是绿的，就连倒影也是灵动的。淳朴的艄公是一位壮族人，我邀请他给我们唱一支山歌，他笑着说："现在都不会唱了，以前对歌娶媳妇，现在用毛爷爷娶媳妇。"他热情地为我们拍照，指导我们摆姿势。见我不敢去船头，他伸出长长的竹篙，鼓励我："扶着竹篙，不用害怕。"

　　正陶醉在遇龙河的美色中，一声"唱山歌来哎，这边唱来……"传来。扭头往后望，一个女游客正放声歌唱。我不禁嗓子痒，也跟着和起来："那边和，那边和……"

　　游途中，遇到酷酷的张姿彤爸爸带着任桐汝，像一位中国机长。此时的机长，化身伟岸的父亲，和谐而有爱。

　　桂林的山美，水美，人也很美。

x

附：刘佳欣的习作

人们都说："桂林山水甲天下，阳朔风景甲桂林。"

今天导游阿姨就带领着我们来到阳朔遇龙河游玩，遇龙河主要是坐竹筏，我第一次坐竹筏还有点紧张了，不知道竹筏是什么样子？去了之后我才知道：竹筏原来是由好多好多空心的竹子连接起来做成的竹船，竹筏上有两把椅子，我们要穿着救生衣坐在椅子上，叔叔说一定要注意安全。

叔叔撑着竹筏要带我们去体验漂流，就是经过一个水流很急的下坡，然后滑下去。滑的时候，我被弄了一脚的水，冰冰凉凉的，可舒服了。给我们撑竹筏的是一位叔叔，他撑得很慢，他一边撑着竹筏一边让我向两岸的山峰望去，两岸的山峰清秀迤逦，连绵起伏，形态各异，叔叔指着远处的一座山问我："小朋友，你看那座山像不像一只青蛙在看着一位美女在照镜子呀？"

我抬头一看："唉，真像呀！"

叔叔说："这座山的名字叫'青蛙看美女'。"

我仔细地观察着其他的山峰，有的像兔子，有的像乌龟，还有的像田螺……叔叔告诉我："桂林的山，三分看，七分想。这就是桂林山的奇特。"

遇龙河的水很清，如同绿色的翡翠，清澈透亮，我能看到鱼儿在水中玩耍，江面平静得像一面镜子，两岸的山峰倒映在水中，真是一幅迷人的山水画。

今天的旅程就这样愉快地结束了，期待明天！

7月12日（第三天）

早晨自然醒来，卫生间的玻璃窗上透着红彤彤的光，外面传来鸟叫声和偶尔的鸡啼，看看手机，将近8点了，民宿的早晨安静怡人。

上午，我们游览漓江。都说"桂林山水甲天下，阳朔山水甲桂林"。在来之前，我们就做足了功课，《桂林山水》这篇课文也了然于心。

一路上，随处可见风格不同，高低不同的栋栋独立小别墅。导游和刘佳欣妈妈告诉我们：这些年，在党和政府的扶持下，修了路，家家户户都盖了楼房。导游特别自豪地说：“我们广西人正在向小康路上奔呢！”

漓江全长164公里，我们游览的正是漓江的精华——阳朔部分，这儿就有新版人民币背面“黄布倒影”的图案。

漓江像一条青绸绿带，盘绕在万点峰峦之间，风光旖旎。坐船泛游漓江，看奇峰倒影，小鱼峰、元宝峰……船上的导游指着旁边的山峰说：“大家看左手边那个光秃秃的小山峰……”我们顺着她的手搜寻着，光秃秃？没有啊，到处都是郁郁葱葱的。她见我们久久没有回应，索性开讲了，说：“就在左手边，那个光秃秃的山峰像不像昂着的海豚头？连着旁边的山峰像不像海豚在低吟？”众人哗然：果然有一处山像海豚，而那所谓的光秃秃的海豚头只是树木相对少一点儿。旁边的刘依辰说：“这样就算作光秃秃，我们那儿的山就是赤裸裸了。”我笑了，这个词用得极好。江上，时而摇过一叶扁舟，船上一个瘦削的老渔翁，戴着斗笠，撑着竹篙，船上的鸬鹚乖巧地蹲坐船头和船尾，别样的诗情画意。

下午，奔赴银子岩，它位于桂林市荔浦县。这让我们想起了电视剧《宰相刘罗锅》中甜腻糯口的荔浦芋头，可惜，在几天的特色美食中，吃过炸芋头，芋头扣肉，炒芋头，却没有吃过原汁原味的荔浦芋头，是不是质朴的广西人认为只是蒸了蒸的芋头不能待客？银子岩是一个大溶洞，典型的喀斯特地貌。洞内汇集了不同地质年代发育生长的钟乳石，晶莹剔透，洁白无瑕，闪烁出像银子般的光芒。音乐石屏、瑶池仙境、雪山飞瀑“三绝”和佛祖论经、独柱擎天、混元珍珠伞“三宝”等栩栩如生，在灯光的映照下，美轮美奂，熠熠生辉，我们几个人不知不觉落单了。闺女给依辰讲喀斯特，讲钟乳石，她喜滋滋地说：“学的地理还是很有用的。”银子岩，只能用一个词形容——鬼斧神工。

傍晚，驱车回到阳朔，观看“桂林千古情”，这的确是一生必看的演出。演出运用先进的声、光、电、全息等高科技手段和舞台机械，在水陆空三维立体空间，唱响了八桂大地穿越时空的真善美传奇。当将士们忽然从旁边过道跃向舞台；当象征着米粉的白色线帘伴随着音乐从后方缓缓布满大厅；当灯

我们的多彩班队活动

光打向墙壁，英勇的将士们飞檐走壁奔向战场；当刘三姐坐着壮族织锦从头顶飞向舞台，和阿牛哥的山歌唱起来……视觉盛宴，心灵震撼！

看完演出，我和闺女拖着李兆朔加入了室外的演出狂欢，狂热的音乐，沸腾的人群，心情澎湃。

有人说，爱上一座城就是旅行的意义。我真的爱上了这座城。

附：杨朔的习作

都说"桂林山水甲天下，阳朔山水甲桂林"。我在想，我的名字的寓意是不是就从这儿来的呢。我们乘船荡漾在漓江上，正如书中所说"漓江的水真清啊，清得可以看见江底的沙石；漓江的水真绿啊，绿得仿佛那是一块无瑕的翡翠；桂林的山真奇呀，一座座拔地而起，高耸入云"。爸爸说这里是喀斯特地貌，并给我讲了喀斯特地貌。我们那里的山与之相比那就不能称之为山，而是山丘了。桂林的山形态万千，像驼峰，像巨象，像巨大的蒙古包；山峰有圆的，尖的，斜的，还有两个山峰相对的，好像在窃窃私语。二十元纸币的背景就是桂林的山水，我们特意在这背景照了相呢。

下午我们游览了世界溶洞奇观——银子岩。这里景观以雄、奇、幽、美独领风骚。洞内石乳奇形怪状，千姿百态，奇特的自然景观堪称鬼斧神工，色彩缤纷。雪山飞瀑，佛祖论经，独柱擎天等景观栩栩如生，形象逼真，让人留连忘返。

最让人惊艳的是千古情大剧场，独特的舞台和精湛的表演赢得了观众的欢呼声。其中印象最深刻的是刘三姐和阿牛哥的故事，刘三姐是阳朔的歌仙，她和阿牛哥那动听的山歌和美好的爱情故事流传至今。

7月13日（第四天）

活动篇

为继续追寻红色记忆，传承长征精神，下午，我们来到位于桂林市灌阳县的湘江战役新圩阻击战酒海井红军纪念园和新圩阻击战陈列馆，缅怀革命先烈，传承长征精神。

此次活动由研学营营员刘佳欣的妈妈促成，灌阳县爱心人士谢小玲女士为我们联系了场馆，灌阳县黄关镇大倚小学陆丽萍校长陪同我们进行了参观学习。

1934年，中央红军长征途中，在广西北部湘江地区突破国民党军第四道封锁线的战役，就是湘江战役。这是中国革命史上事关中央红军生死存亡的关键一战，而湘江战役三大阻击战中的首战新圩阻击战，就发生在灌阳县新圩镇及其以南区域。

1934年11月27日，红三军团命令第五师抢占新圩以南要地，保证全军左翼安全，掩护中央机关抢渡湘江。11月28日拂晓，桂军向第五师阵地发起猛烈进攻。面对桂军疯狂进攻，第五师顽强抗击了三个昼夜，以伤亡2000多人的巨大代价，守卫了军委纵队和后续军团前往湘江通道左翼的安全。

身着军装的讲解员阿姨为大家详细讲解了有关湘江战役可歌可泣的历史细节，我们深刻感受了先烈们为革命胜利所展现的不怕流血牺牲的崇高精神，接受了一次深刻的党史教育和革命传统教育。

在革命先烈陈树湘的雕塑前，讲解员阿姨声情并茂地为我们讲解了他英勇就义的故事：在湘江战役中，他率领部队付出重大牺牲，在完成掩护红军主力和中共中央、中央军委机关抢渡湘江的艰巨任务后，负伤被俘。1934年12月18日，在敌人押送前往长沙的途中，陈树湘趁敌不备，忍着剧痛，从伤口处掏出肠子，用力绞断，壮烈牺牲，实现了他"为苏维埃新中国流尽最后一滴血"的誓言，时年才29岁。

陈树湘的故事听得我们热泪盈眶，我们默默地面对他的雕像举起手来，行我们庄严而神圣的少先队队礼。

随后，另一名身着红军军装的讲解员阿姨带我们来到室外的酒海井遗址，为我们讲述酒海井先烈的故事。

因形势紧迫，红军撤退时来不及将伤病员安全转移，伤病员最终落入国民党反动派和当地土豪劣绅手中。当时红军伤病员均安置在新圩乡下立湾村

我们的多彩班队活动

(现改名为和睦村)蒋家祠堂的临时救护所里。国民党反动派在蒋家祠堂发现这120多位伤病员后，捆绑起来一路驱赶，残忍地将他们丢进25米深的酒海井里，然后又凶狠地用机枪对准他们进行扫射，120多名红军战士最后全部壮烈牺牲。

2017年，当地政府在酒海井地下暗河弯道处清理出20余具人类骸骨。同年，举行了隆重的安葬仪式，将酒海井第一批红军烈士遗骸安葬到红军墓中，让红军烈士入土为安。

讲解员阿姨说，红军墓冢的顶端是一顶大大的红军帽，是因为墓中安葬的人都有一个共同的名字——红军。

我们来到"红军帽"墓冢前，在阿姨的口令中，举行默哀仪式，行礼鞠躬，对红军烈士致以最崇高的敬意和景仰。

拾级而上，红军帽"帽檐"之下，镌刻在黑色石墙上的3000多名红军烈士姓名映入眼帘。87年前，正是这些红军勇士，用生命构筑起血肉屏障，用鲜血保卫红军主力长征。

最后，我们来到新圩阻击战陈列馆。新圩阻击战陈列馆位于灌阳新圩阻击战主战场前沿阵地枫树脚，该馆主建筑造型为五角星建筑，由四个底部宽度12米的五星向中间靠拢组成。

1931年至1934年，红军三过灌阳，与国民党军进行了浴血奋战。新圩阻击战，是湘江战役阻击战的第一战，也是一场最惨烈、最悲壮的战役。红军以两个团、一个营共4000余人的兵力，与桂军两个师和一个独立团共10000多人浴血奋战三天两夜，完成了掩护中央纵队及红军主力渡过湘江的艰巨任务，共伤亡2000多人。

陈列馆中的模拟战斗场景震撼了我们，我们站在那里，静静地感受着那场激烈而悲壮的战争，默默地向烈士们致敬。

回到住处，大家依旧沉浸在革命烈士们的事迹中。晚餐后，大家都聚集到我的房间。我为孩子们梳理了湘江战役的时间点和主要战事，为了让我们更好地了解湘江战役，我们还利用手机观看了电影《血战湘江》。

从以地雷战而闻名的家乡山东，来到千里之外的革命圣地广西，走长征路，近距离感悟红军长征精神。我们学党史，感党恩，从英雄先烈们的身上，汲取初心传承的力量。

图片为参观湘江战役新圩阻击战酒海井红军纪念园时拍摄，自左至右依次为：
任桐汝、方艺昕、刘依辰、张姿彤、李兆朔、刘佳欣、杨朔

美食篇

旅行，于我而言，不仅看风景，还有美食。

从踏上桂林的第一天起，米粉就成了我们的日常饭食。大人们爱吃，孩子们也吃得津津有味。据传，公元前221年，秦始皇统一中原后，决心开凿灵渠。但在修建灵渠时，大批士兵水土不服、瘟疫横行，特别思念家乡的面。将军李义的妻子秦英嫂就地取材，用米磨面做成了米粉让士兵食用。这种做法代代相传，就成为了今天的桂林米粉。

第一天两江镇的米粉带着淡淡的螺蛳粉味儿，随后两天的阳朔民宿米粉则很清爽。今天的米粉更是别有滋味。

今天，我们从阳朔转向刘妈妈的故乡——灌阳，用刘佳欣妈妈的话说，"陪她回家"。因路途较远，下午还有参观活动，加上早饭比较晚，大家建议午饭和晚饭并作一顿。但贴心的刘妈妈还是委托住在灌阳的姑妈为我们准备

了食物。当二十多盒热气腾腾的米粉送到我们的手中,一大箱新鲜的李子搬上大巴时,那种身在他乡,却无陌生的感觉油然而生。姑妈歉意地说:"米粉是早晨的食物,这是走了好几家才凑出来的,我还买了点饺子,如果不喜欢吃米粉,大家可以吃饺子。"饺子转来转去无人接手,大家都捧着米粉大快朵颐。

晚餐,刘妈妈告诉我们吃油茶。油茶?那是怎么泡的?还没坐下,每人一小碗的红色汤液就端了上来,闻一闻,姜的味道,是姜茶?喝一口,瞬间喜欢上了:甜甜的,一丝丝姜的味道,甜却不腻。一小碗姜茶一饮而尽,愈发期待传说中的油茶。"我去看一看。"闺女迫不及待地跑了下去。

几分钟后,兴高采烈地跑了回来,一边给我们展示她拍的照片一边解说:"不是我们喝的那种茶,里面有炒的大米,我尝了一口,特别香。还有米粉,可能还要放茶叶。"

"茶叶也要喝了?"

"看来不是咱们说的茶。"

"杨朔说是一种面。"

正在议论着,一碗碗油茶端来了。只见碗中的粒粒大米泛着光,透着亮,几粒花生若隐若现,几丝绿色的青菜叶子点缀其中。端起碗,喝一口,嗯,炒过的大米嚼起来有点儿韧劲,却不硬,又不似平时我们喝过的大米粥。嚼一嚼,唇齿留香,一不小心,两碗下肚。陆校长说:"我们在吃饭前,都先吃一碗油茶。你们喝的那种茶,我们都是在饭后闲聊时喝。"

真是"十里不同乡,百里不同俗"。中华民族幅员辽阔,走一走,看一看,了解我们的大家族。

附:方艺昕的习作

今天天气挺热,我们来到了十里画廊,那里的风景也很美,就像一幅山水画一样,真是让我赞不绝口。那里最出名的就是月亮山,好像有一个圆圆的月亮落在碧绿的山顶上,还看到了小鲤鱼跳龙门,真是越看越像,可爱极了。

我们又坐着大巴车，来到了湘江战役纪念园。讲解员为我们讲解了战争时期的故事，让我印象最深的是陈树湘为了不当敌人的俘虏，从自己的伤口里掏出了自己的肠子并绞断，最后英勇牺牲。讲解员声情并茂地讲解，让我们忍不住流下了泪水。

我们还去参观了酒海井，一位穿着红军衣服的阿姨为我们讲解了酒海井的来历，因为它像一个口小肚大的陶器，那个陶器叫酒海，这口井也是口小肚大，所以叫酒海井。许多年以前，敌人们将100多名受伤的战士用绳子捆起来，并且将很多的石头扔进了酒海井，这些敌人真是太可恶了，我们听了都感到非常气愤。现在，这些战士们的遗骸已经被打捞出来放进了旁边的红军帽形状的墓碑里，虽然有很多战士无名无姓，但是他们有一个共同的名字叫红军。听到讲解员讲到这里，我们感到悲痛不已，我们一定要努力学习，报效祖国，让我们国家更加强大。

7月14日（第五天）

活动一：走进大倚小学

上午，平度经济开发区小学三一中队"桂林研学营"走进桂林市灌阳县黄关镇大倚小学，进行"手拉手关怀留守儿童"活动。

大倚村是一个位于桂林市灌阳县黄关镇的小村子，地处偏远山区。大倚小学是一个教学点，只有1—3年级。学校的孩子大都为留守儿童，跟随爷爷奶奶生活。

研学营成员刘佳欣的妈妈促成了此次联谊活动。大倚小学陆丽萍校长和部分学生参加了活动。

大巴车刚一停下，已在门前列队等候的大倚小学的师生就鼓掌向我们表示欢迎。我们赶紧下车，也列队站好，向他们问好。

陆校长带领我们走进校园，来到二楼的一处教室。这是一个崭新的学校，教室也是宽敞明亮的，黑板和我们班级的多媒体也是一样的。

陆校长首先对我们的到来表示欢迎，然后介绍了大倚小学。原来，这所

我们的多彩班队活动

小学是2019年新建成的，原来的学校很破旧。她随后给我们展示了老学校的照片，这些照片在我们的心中掀起了阵阵波澜：这里的孩子生活条件太苦了，父母都在外地打工，一年见不上几面。而我们衣食无忧，天天在父母的呵护下长大。暑假，还能和父母一起出来研学。我们一定要加倍珍惜我们的生活，更加努力学习。

接下来是赠送礼物环节。

我送给陆校长几本我最喜欢的教育书籍，陆校长送给我两个亮闪闪的水晶纪念品，一个摆台，一个挂件。摆台上刻着"致敬班主任段老师"，挂件上刻着"那个夏天我们曾经相遇，陆丽萍送"，两个纪念品的落款都是"桂林市灌阳县黄关镇大倚小学全体同学"，非常有纪念意义。

刚刚放暑假，大倚小学的小伙伴就把他们的微心愿发给了我们，我们自己选定了手拉手小伙伴，准备了礼物，并做了精致的心愿卡。今天，当我们千里迢迢，把我们亲手准备的礼物送给他们时，我们觉得神圣而光荣。

大倚小学的小伙伴们每人也送给孩子们一个水晶纪念牌，这个礼物我们一定会好好珍藏。

大倚小学的学生代表致辞，她对我们的到来表示欢迎，并感谢我们对他们的关心和帮助，也祝福我们的友谊永存。这是一个二年级的小姑娘，普通话不是很标准，但是能听出对我们的真心感谢。

接着，我和我们的研学营营长杨朔爸爸分别讲话。

我首先对陆校长的热情款待表示感谢，然后结合新旧校舍的变化，让孩子们感受到国家对贫困山区的扶持和帮助，嘱咐孩子们感恩国家，感恩党，并鼓励孩子们珍惜生活，友谊常驻。

杨朔爸爸也表达了对大倚小学的感谢，号召两个学校的孩子们手拉手，同努力，建设我们伟大的祖国，并欢迎大倚小学的孩子们到我们的家乡来研学。

随后，陆校长带领大家参观了校园。在大倚小学孩子们的邀请下，家长们摇起长绳，孩子们手拉手跳了起来，蓝天白云，青山绿树，见证着我们的友谊。

一场温馨的聚会结束，但我们对留守儿童的关心和帮助还会继续。走进贫困山区小学，不仅仅是一次活动，更是一种深韵精髓的感恩情怀。

图片为李兆朔为大倚小学手拉手伙伴捐赠礼物

活动二：走进神农稻博园

引言：我一直有两个梦，一个是禾下乘凉的梦，一个是杂交水稻覆盖全球的梦。

——袁隆平

今天上午，研学营来到营员刘佳欣妈妈的老家——桂林市灌阳县黄关镇联德村。

黄关镇的联德村，因在超级稻种植示范区创造了"超级稻+再生稻"亩产超1500公斤的成绩，获得了"杂交水稻之父"袁隆平院士的高度赞赏，他曾多次光临联德村指导，并亲笔题写了"灌阳——广西超级稻第一县"，在此基础上兴建的"神农稻博园"远近闻名。

跟随着刘佳欣的外公外婆，我们走进稻博园。"一股大米的味道袭来。"（营员张姿彤语）

此时的稻田大都是绿油油的，间或几处黄澄澄的。刘佳欣妈妈告诉我们："黄澄澄的是早稻，绿油油的是中稻。早稻大部分已经收割了，然后再插秧，就是晚稻了。"

这和我们家乡的麦子不一样，我们在稻田中嗅一嗅，摸一摸，一切都充满新鲜感。

走上稻博园观光路，赫然发现，稻田中有一处的颜色和别的地方不一样。快步走近，我们仔细辨别起来，原来，是"生态灌阳乡村振兴"八个大字，在旁边，还有其他美丽的图案。

佳欣的外公告诉我们：这些图案，每年都不一样。神农稻博园精华之处就在这里——创意种植的"绿、黄、紫"三种彩色水稻造型画面，格外显眼。

为了完整地体验水稻到大米的演变过程，我们来到外公外婆家。

外公家的新旧两处房子在路南和路北相对。旧房子低矮，破旧，但收拾得很干净，养着鸡鸭和几头牛。新房子则是一栋三层高的楼房，每间房屋都有宽大的玻璃窗，很是明亮。佳欣外公告诉我们：这几年，政府帮助每家每户盖了新房，家家户户都住上了新楼房。

临街一间老屋里已经收割的水稻吸引了我们，征得外公外婆的同意，我们抽出几穗稻谷，摘下谷粒，剥去外壳，一粒粒圆滚滚的大米出现在手心中。

刘佳欣先期到达，还和外公外婆一起参与了水稻的收割。我们手里捧的就是他们收割回家的水稻。

"一粥一饭，当思来处不易；半丝半缕，恒念物力维艰。"勤俭节约历来是中华民族的传统美德。我们都是社会的小主人，我们生活在这个大家庭中，就要用心去珍惜劳动成果。今天，当我们站在袁隆平爷爷曾经踏过的土地上，我们对他最为永恒、最为朴素的敬重与缅怀，就是珍惜粮食。

附：张姿彤的习作

今天是一个特殊的日子，因为今天是我的生日。早上起来我就非常地兴奋，准备给大家一个惊喜。于是我跟妈妈讨论了一下，就决定中午请大家吃一顿饭。先瞒着大家，去看望山区的小伙伴。

上午，我们先去了灌阳县黄关镇大倚小学，妈妈说，这里的孩子大多跟爷爷奶奶生活，爸爸妈妈外出打工，好长时间都回不来一次。刚进门就看到一栋崭新的二层教学楼，很明亮。原来他们这是2019年新建的，这里的陆校长给我看他们老校区的照片，低矮、黑暗、破旧，冬天冷夏天热，环境真艰苦。跟他们相比，我觉得我真应该珍惜我们的学习环境。我们每人都为小伙伴准备了一个礼物，而我，准备的就是一个公主书包，当我递给她的时候，能看出她很开心的样子，可是她还不认识我的名字，我有点遗憾。但是我认识她的名字，叫邓晴晴，他们还给我们准备了一个勋章，我戴上也很高兴。举行完交换礼物仪式后，我们就到外面开始跳绳，比赛开始了，我发现，大倚小学的学生并没有我们跳得好，我希望他们能多练练。

中午，我们回到了灌阳，到了饭店，一进房间，大家就不约而同地跟我说生日快乐，我太开心了，没想到大家反倒给我了一个大惊喜，不仅有漂亮的粉色蛋糕，还收到了好多礼物，小李的大娃娃、小辰的太阳帽、小欣的手链、小方的小猫咪、小杨的汉服、小任的发卡，还有段老师送的很漂亮的发簪，我喜欢极了，高兴极了。

下午我们就开始往龙脊梯田赶，到那里的时候已经晚上了，我们到山下，我以为就有电梯能直接就上去了，没想到酒店竟然在半山坡，还是些石头台阶，要我们拖着行李走上去，好在上去之后有美味的竹筒粽子补充了劳累的身体。

7月15日（第六天）

龙脊梯田之初体验

或许是因为神秘的瑶族的缘故，此次龙脊梯田之行是我最依依不舍的。

在龙脊梯田住了一天两宿。14日下午，从灌阳坐了三个多小时的大巴，到了景区。又换乘景区的中巴摇晃了四十多分钟到了金坑大寨。说"摇晃"是真"晃"，有支山歌《山路十八弯》，这儿的山路远胜于十八弯，三十八，四十八，或者五十八个弯也有吧。年轻帅气的民宿老板已在停车点等我们，他帮我们一手拖着一个行李箱，肩上又挎起一个旅行包，在前面轻快地走了起来。一路走来，身旁流水哗哗，清冽的水在鹅卵石间欢快地唱着歌儿。木制的阁楼屋檐卷起，典型的民族特色。门前，几乎每家都有一个或坐或忙碌的妇女，头上盘着一个环状的发髻，一条有花纹的百褶裙，腰间系着一条宽宽的彩色腰带。这一切，吸引了我们的注意力。我们一行人，一边看着风景，一边聊着对这个陌生区域的一知半解：龙胜各族自治县应该有很多少数民族；我们去的地方是瑶族；这个地方是长发第一村；瑶族人住木头做的阁楼……不知不觉，到了大寨。

我们提前预订的民宿是在寨子里，几乎在山顶。民宿的一家人帮我们把行李箱一个个运送上去，我们提着小行李顺着弯弯曲曲的石阶依旧艰难而上。这是一块块石头垒起的台阶，每一层台阶都是一块大石头和几块数量不一的较小石头铺成，有的地方已经锃亮，这条路，或许已经走了几载。路旁，还有几处老房子，木头或竹子已陈旧，门前窄窄的水道青苔层层叠叠，处处显露沧桑感。房子都依山而建，因地势而建。抬头，便到了我们预订的民宿。这是一栋典型的现代建筑，整洁而明亮。一个大平台，平台上吊篮、秋千等洋溢着现代气息，一排的落地玻璃……屋内的角落里，一个头上盘着环状发髻、穿着瑶族百褶裙的老婆婆抱着一个婴儿，这，比那舒适的环境更吸引我。当我靠近她，想和她拍照时，她羞涩地说了一句什么，民宿的女主人和我说："她说她长得不好看。"我忙不迭地说："好看，好看！"

很快的，就和民宿一家熟了，这是四世同堂的一家人。老婆婆90多岁了，上下楼梯很利索，闲暇时候还坐在旁边绣花。她耳朵上戴着一对圆圆的、粗粗的大耳环。这对大耳环把她的耳朵坠了两个大洞，右耳朵的耳环用一根黑线挂在耳朵上，我想：这只耳朵是不是有点儿不堪重负了？我问老婆婆："重不重？"她摇了摇头，不知道是表示不重，还是听不懂我说话。我试了试，挺沉。据说红瑶有几大怪：头发当帽子戴，手镯当耳环戴，老太太上山比猴快。

"纸上得来终觉浅，绝知此事要躬行。"的确，短短的时间，就全部呈现在眼前。

老婆婆的儿子儿媳年龄应该在50多岁了，和蔼可亲，普通话说得也比较标准。阿姨的头发也很长，盘成圆环顶在头上。平时穿着一件普通的圆领T恤衫，裙子和腰带则是民族特色。她也戴着圆圆的亮晶晶的银耳环。关于耳环，阿姨说老婆婆的耳环是实心的，她戴的是空心的，轻一些。

阿姨和叔叔有两个女儿，平时忙前忙后打理民宿的就是这两个女儿和两个女婿。去接我们的是他们的小女婿。

两个女儿分别又有了下一代。老婆婆抱的那个五个月大的小宝宝是小女儿的第二个孩子。这个小宝宝白白嫩嫩的，从没听她哭过。回到民宿，我就会抱她玩一会儿。第二天，我在下面玩，看到她的姨妈抱着她，我拍手招呼她，她张着小手要我抱，软软的小宝宝就跟我一路回了家。我一边哄着她，一边想：瑶族人的心地真善良，这么一个可爱的小宝宝就交给了只住两宿的一个外地人。不过，我又自我欣赏起来：看来，我还是一个值得信任的人。

龙脊梯田之晒衣节

红瑶的"晒衣节"，仅凭几张照片和几个视频是无法展现她的美和热闹的。

农历六月六是瑶族的晒衣节，我们的龙脊梯田之行恰逢这个节日，就在山中住了两晚。14日晚上，民宿的阿姨就搬出了几个皮箱，打开皮箱，一股陈旧的气味扑鼻而来。我们都围了上去，和阿姨一起抖开每一件衣服，在身上比画。阿姨说这些衣服都是她们自己织的，花纹也都是她们一针一线绣的，衣服大都一次也没穿过，每年的六月六就把这些漂亮衣裳全部晾晒在廊檐之下。大家一起参谋着，给闺女选了一套大红色的服装，准备第二天也应个景。

15日早晨，他们家的大女儿早早就喊闺女下来，帮她穿衣，梳头。最麻烦的是梳头。瑶族女子的头发都很长，自己的头发就能在头上轻松自如地裹成环状，成婚的女子还在额前绾一个发髻。闺女虽然也是长发，却还是短了一些。大姐姐先把毛巾叠成圆柱状，在闺女头上量了量头围，然后缝成一个环状，放在头顶，把头发固定在毛巾上，最后，又拿来老婆婆绣的一根头巾包裹起来，一个水灵秀气的红瑶女子出现在我们面前。民宿大叔说："你可以跟着我的两个孙女一起去迎亲，可别让人家相中了，带走了哦。"

闺女的装扮引得同行女孩儿们的羡慕，她们也纷纷向民宿阿姨借衣装扮。

当这一群"红瑶女孩"出现在瑶寨的广场时，瞬间吸引了众多摄影爱好者。

晒衣节不仅仅晒自家漂亮的衣服，还表演了极富农家气息和民族特色的节目，"瑶族婚礼""洗长发""抬金狗""织锦绣""瑶族歌舞比赛""捶糍粑"……

孩子们都收拾完，我们就赶往风雨桥观看第一个项目——洗长发。桥前桥后早已水泄不通，一排排瑶族女子站在河旁，拆下头巾，散开长发，场面蔚为壮观，真不愧是"长发第一村"。

大家最感兴趣的是瑶族婚礼。瑶族婚姻自由，可以男婚女嫁，也可以女婚男嫁。只要有婚礼，寨子的女人都会排起长队送亲迎亲。我们站在广场上看着队伍如一条长龙蜿蜒而去，又蜿蜒而归。鞭炮声声，唢呐声声，锣鼓声声。当新郎背着新娘，头顶红油伞跑向会场的时候，人群欢呼起来。

下午，摸鱼比赛吸引了张爸爸。他和杨爸爸一起，带着孩子们兴高采烈地出发了。待我午觉醒来后，他们满载而归，晚上，我们吃上了他们的劳动成果。

尤为壮观的是晚间。瑶族同胞用万支火把在梯田勾勒出了一条巨龙的美妙景致，并在梯田上燃放起烟花。我们在大叔的带领下，登上了一户瑶族人家的平台。绚丽夺目的多姿多彩的烟花，映衬着旁边的巨龙，美轮美奂。在咱们家乡，禁止燃放烟花爆竹，这种视觉和听觉上的节日震撼已体验不到，久违了的孩子们发出一声声的赞叹。

随后的篝火晚会又掀起了一个高潮。人们和瑶族同胞站在一起，围着篝火载歌载舞，共享幸福生活。

刘妈妈告诉我们，从小他们就都知道龙胜是个很穷的地方，却不知道龙脊梯田这么美。都是因为这几年国家和政府脱贫攻坚政策，给他们修路，通电，发展旅游业，这里的人民才和外面的世界有了接触，才过上了比较富裕的生活。

附：张姿彤的习作

今天是瑶族的晒衣节，据说和我们过年一样隆重。早上一起来，我就看到了每家每户都挂上了红红的衣服，往远处看，绿绿的梯田，棕色的吊脚楼上嵌着红丝带一般，真美。但是有多有少，我就去问妈妈，妈妈说，衣服越多，就代表那家越富贵。因为看着那些衣服非常漂亮，所以我们每人也租了一件，没想到如果要买的话，竟然需要两三千块钱，原来他们的衣服都是纯手工用丝带制成的。

穿着瑶族的衣服来到中心广场上，好多人举着相机对着我们一顿猛拍，应该是把我们当成瑶族小姑娘了吧，这时杨朔爸爸大声喊道："再拍就收钱了啊"，我们都哈哈大笑起来。

我们分别参加了他们的抬金狗、瑶族婚礼、瑶嫂洗长发……其中我最喜欢的就是田中摸鱼了。下午爸爸带着我，还有其他人一起到了稻田里，底下是淤泥，上面是一层水，水上还覆盖着一层青苔，所以只能摸鱼了。我们挽起裤腿到了里面，刚开始我还觉得自己要陷下去了，一下去才知道底下的淤泥也是能踩住的，我把脚抬上来，一看满脚都是淤泥呀！但是感觉是开心的泥点子。在田中有些鱼会露出一部分，我们就赶紧抓，明明摸到了好几次，可是就是抓不住，太滑了！我还和爸爸发现了一条很大的鱼，定睛一看，我们的鱼是最大的。于是我下了狠心，一下子捏住了那条鱼的脖子，终于抓住了，我开心极了！

一出来我们满嘴、满脸、满身都是泥，你看看我，我看看你，都笑了。我们只好到旁边的小河去洗了洗，顺便还玩了一下水呢！

晚上请酒店老板帮我们把鱼做了做，我们尝了尝自己抓的鱼，真鲜美呀！

真是开心的一天！

我们的多彩班队活动

7月16日（第七天）

观看了热闹非凡的晒衣节，可是对于这么葱葱茏茏的龙脊梯田，我还是有些许遗憾的，那就是没有到梯田中去走一走。

昨天晚上，看完篝火晚会后，在往回走的路上，我顿时对梯田依依不舍起来。我试探着对孩子们说："明天早晨我们去走一走梯田吧！"没想到我的这个提议，孩子们很雀跃，我们约定第二天早晨五点出发。

早晨四点半闹钟准时响了，我赶紧起床，窗外却是黑漆漆的一片。在我们家乡，四点半天就已经大亮了，难道今天有雾？看天气预报：天气晴朗，天气依旧橙色高温预警，那应该是在山里，大山挡住了太阳。收拾完就坐在窗边，看着外面的天，等天亮。

一直等到将近六点，天才蒙蒙亮，我赶紧招呼孩子们出发。

张姿彤和妈妈，刘依辰和妈妈，杨朔，任桐汝和妈妈，甚至桐汝那前两天一直生病发烧的小弟弟也跑了下来。

我们一行人向昨天接亲送亲的方向走去，也去体验一下送亲接亲的路途的曲折。

寨子很安静，除了我们几个，只有一两个人在闲逛，一看便和我们一样，都是旅游观光之人。昨夜，瑶族同胞狂欢至深夜，今晨，怕是都在补觉吧。

在一位路人的指引下，我们踏上了那条弯弯曲曲的山路。空气是那么的清新，露珠在叶尖晶莹剔透，很多不知名的植株在路旁蓬勃地生长着。梯田里，葱葱绿绿的稻子一畦畦，一层层，清澈的水哗啦啦地溢满上一层梯田，又哗啦啦地流向下一层梯田。

站在半山腰，遥望东方，远方群山连绵起伏，视线可见的梯田此起彼伏，雾霭缠绕，似一袭薄薄的轻纱笼罩在山头。几栋寨子在群山和梯田中若隐若现，如仙居，似神宅，我不禁神往：假若我在此处再住几日，是不是还会乐不思蜀？

孩子们指着山腰间一处楼房，兴奋地喊着："看，我们住的民宿！"我顺着手指望去，果然，"818度假酒店"！即使在雾气缭绕中，也是那么醒目。

顺着山路，走上另一处寨子的平台。抬目远望，在雾霭中，一抹红霞正在悄悄渲染东边的天，"快看，要日出了！"慢慢地，红霞愈来愈艳，出现了金黄色，孩子们目不转睛地看着。转眼，椭圆形的橙黄色的小小的太阳慢慢探出脸蛋，又只在一瞬间，它便完全跳出了山头。调皮地一会儿钻入云间，一会儿露出笑脸。

瑶寨的早晨，安逸而迷人。

下午，我们来到古东瀑布，这儿是孩子们的乐园。

我们穿上草鞋，戴上头盔，和孩子们一起涉水而过，仿佛回到了童年时期和伙伴们在河中玩耍。那时候，没有防溺水，没有父母零距离的陪伴，我们的生活快乐而单纯。

下山途中的"吊桥"，是李兆朔扶着颤巍巍的我；风驰电掣般的"小火车"，是杨朔给我壮胆……少年的刺激，已不适合步入中年的我。

晚上，坐船游两江四湖。可是，龙脊梯田的早起，古东瀑布的嬉戏，我只在朦胧中看了日月双塔的灯火通明。两江四湖，睡梦中游过。

附：任桐汝的习作

今天早上段老师带我们去爬山，我们4点多就起床了。当妈妈喊我们起床的时候，我还以为我是在做梦呢！

天刚蒙蒙亮，我们就出发了。来到山路上之后，出现了一个路口。我要向右走，但是大部分人都认为要向左走。于是我们就向左走，结果走到了山中间，离我们要去的寨子越来越远，我们只好又返了回去。

终于走到了山顶，在山顶上我们拍了好几张照片。那时我看见了一个大钟，那个大钟像一个小姑娘，梳着两个可爱的小辫子，我们都纷纷上去让老师拍照。

下午2点左右，我们来到了古东瀑布，一下车就感觉特别的热。我们在入口处看到了一个卖水枪的阿姨，那里摆着各种各样的水枪，妈妈给我和弟弟买

我们的多彩班队活动

了两个不同颜色的水枪，我们特别开心。

走进古东瀑布之后，我们来到了一个换鞋子的地方，我们换上草鞋，走了几步，就感觉很不舒服，我想：红军穿着这样的草鞋，过草地，爬雪山，二万五千里长征路上还要战斗，他们真的很艰苦。

从第二个关口向上，一路上都有水，我们可高兴坏了。在每一处浅水区，我们都拿着我们的水枪互相喷射。尤其在第四关口，段老师让我们站成一排，把水枪呈45度角朝前方喷水，真是过瘾。

下山的时候，我们坐了小火车，走了溜索桥。

晚上，我们回到桂林游两江四湖。在船上我们看到了许多美丽的大山，还有高楼和塔。在灯光的衬托中，两江四湖分外美丽。

回到酒店，我们在床上呼呼地就睡着了。

7月17日（第八天）

今天，要回家了。刘佳欣和妈妈一起为我们送行，坐在大巴车上，我们一个一个地表达我们对佳欣妈妈的感激，不是嘴上的应付，而是发自内心的感受。的确，这几天，她都没有时间陪佳欣。我们休息的时候，她给我们去买票；我们活动的时候，她又在联系下一站的食宿……一个瘦瘦的小小的人儿，只因为她认为这是到了她的故乡，她有责任照顾好我们，就忘记了她也从来没有来过桂林，她也是和我们一样带孩子出来研学活动的。她还要回到老家再稍住几日，再陪一陪年迈的父母亲。

和她挥手告别，我们来到了两江机场。意外的，飞机又有延误。有了第一次的延误，这一次没有很大的反应，毕竟也是白天。两江机场的椅子明显要好得多，坐在偌大的按摩椅中，即使不启动按摩功能，也很舒服。

飞机终于起飞了。坐在飞机上，忍住恐高的心理，忍住极其新奇的心情，静静地看着机翼旁的景色。

飞机一步步扶摇而上。房子，田野都变得很小，这在书本中都读过。最让我惊奇的是：当飞机飞到云的上空时，飞机下的白云不是一朵朵的，而是一对对，似山，如海。仰望天空，白云是平面的，俯瞰白云，白云是立体的。正如"横看成岭侧成峰，远近高低各不同"。这便是站在不同的角度有不同的收获。

张姿彤爸爸联系好的大巴顺利地把我们从青岛城阳机场载回了平度。在路上，我们一致决定：利用各自的能力帮助刘佳欣，提高成绩，培养她的自信心。

附：刘依辰的习作

今天，我们要回家了。坐在大巴车上，我想：飞机飞在蓝天上会是什么样子的？因为来的时候飞机延误了很长时间，我们是半夜起飞，半夜降落的，那可是我第一次坐飞机，没有看到飞机在蓝天上飞翔，还是很遗憾的。

到了机场，我看见飞机很大很大，就像一只只展翅欲飞的雄鹰停在飞机场里，可壮观了。

坐上飞机，我觉得很舒服，我刚坐好，就听见空姐说："飞机即将起飞，请系好安全带。"飞机起飞时会慢慢地滑到起飞跑道上，然后快速滑行。要起飞时我有点紧张。妈妈说："飞机起飞，只是引擎的声音。"我半信半疑。突然，震耳欲聋的引擎咆哮声响起，飞机的速度越来越快，耳朵吵吵的，我都有点耳鸣了，妈妈告诉我这是气压太高的原因，妈妈给了我一块口香糖，我使劲嚼着，果然好多了。等飞机再上升五分钟左右，飞机就平稳了。

飞机平稳地飞行着，我看着外面的白云和我一样高，太阳近在眼前，往下看，大山像土堆，大海像小河，人群像蚂蚁……一会儿我们飞上云层，再看看下面，一朵朵的白云就像一朵朵的棉花糖。那棉花糖的样子也不一样，有的像小绵羊，有的像小狗，有的像怪兽，有的像海豚……奇形怪状，各种各样。

白天坐飞机的感觉真好！

我们的多彩班队活动

同学习　共成长

2020年冬天，我们学校和平度市长乐小学、平度市大田小学组成"平度经济开发区小学教育集团"。一所城区学校，两所农村学校。三所学校的各种教育资源、教育环境都有明显的不同。

班级里有个别孩子平时的学习态度不太端正，平时浪费的现象也很多，动手做家务的能力弱；而农村的孩子自理能力强，淳朴热情。苏霍姆林斯基说："只有能够激发学生去进行自我教育的教育才是真正的教育。"是啊，只有让孩子去体验，去感受，才能激发他们改变自己的动力，才能进行自我教育。于是，"同学习　共成长"班队交流活动随机产生。

我为这次活动做了翔实的方案：孩子们进入手拉手班级，同学习、同活动、同午餐，下午第一节课互留纪念，栽种友谊树，之后是我们班小分队的户外体验研学活动；家长宣讲团进入学校，给两所学校的家长送去家庭教育经验；我和工作室成员为班主任们进行班队会培训。

这个活动方案获得了校领导的大力支持，两次活动，王校长都参与了。其中，在大田小学活动的时候，王校长上午和下午都有会议，在会议间隙，他自己开车四十多分钟，参与了我们的活动，和我的"家长宣讲团"一起聊天、交流，再匆匆赶回平度开会。两个成员校对我们的到来也积极回应，多次和我磋商活动各个环节，力求活动圆满成功。

家长们也积极地参与了这次活动。每一次活动，参与活动的家长都协调好自己的工作，自费给两个成员校的孩子赠送礼物，全力配合我和孩子们进行体验。

每次活动都是短短的一天，可能对孩子们的成长影响不大，但肯定会给他们留下一个不可磨灭的印象，或许是某一个孩子的小爱心，或许是那棵友谊树，也或许是那撑圆的小肚皮……

走进大田小学

"同学习 共成长"活动的第一站选择了大田小学。大田小学位于平度东北端的山区，距离城区较远，是一所地地道道的山村小学。学校的孩子都来自周围山村，父母乃至祖辈都世世代代生长在这个山区里，有的老人甚至没有离开过村子。

2021年3月19日，我们班姜宗煜、杨朔、李兆朔、张姿彤、任桐汝、曹硕、彭煜坤、刘依辰、李贞慧、郭家祎等10名随机搭配的一个小分队代表班级参加了活动。

李兆朔妈妈、张姿彤妈妈、任桐汝妈妈、曹硕爸爸、彭煜坤妈妈、刘依辰妈妈、李贞慧妈妈、郭家祎妈妈参与了当天的活动，李兆朔妈妈、张姿彤妈妈、任桐汝妈妈、李贞慧妈妈、郭家祎妈妈作为此次的宣讲团成员进行了交流分享。

一行人四辆车行驶了将近一个小时，在8点20分到达了大田小学。大田小学的史校长和王主任早已经在等候我们。大田小学和我想象中的山区小学不一样：正对大门的是一栋教学楼，门前各种花圃，虽是初春，依然盛开着鲜花。转过教学楼，在一片葱茏的树木掩映下，是几排平房。王主任说："我们山区学校，绿化植物特别多。这些平房原来都是教室，现在，学生都搬到教学楼上课了，这些平房变成了各种专用教室。"

下课铃声清脆地响起，王主任带着我们进入大田小学三年级二班。

班主任刘老师热情地为孩子们随机搭配了座位，我也坐在教室旁边，和孩子们一起听课。

第二节课是语文课，大田小学的王老师上了一堂精彩的语文课——"纸的发明"。老师从提问导入，循循善诱，春风化雨，和学生积极互动，使他们

我们的多彩班队活动

很快融入课堂。

体育课上，刘老师带着孩子们一起站队列，踢足球……校园外的大山把操场映衬得格外空旷。大田小学的几个男孩儿拥有山里人的淳朴，他们邀请孩子们加入他们的"拐腿"游戏中，顶来顶去，拐来拐去，山区孩子的善良和我们城区孩子的聪明机智迅速融合，战斗力噌噌上涨。女孩儿则玩起了老鹰捉小鸡的游戏，女孩儿抛去了矜持，不同学校的孩子你拽着我，我拉着你，为了应对共同的敌人"老鹰"而协力合作。

孩子们进入教室上课，我们则和大田小学的老师们进行了互动。

我先展示了"追寻家乡的红色记忆"的主题班会录像课。课堂上，学生通过实地考察革命根据地、采访抗战亲历者等方式，搜集查阅抗战资料，讲述红色故事，弘扬革命精神，体会现在幸福生活的来之不易。

展示课结束后，我又就本次主题班会的开展和如何上好班队课进行了精彩分享。

随后，家长宣讲团的优秀家长们为在场的班主任开展了一次以如何配合老师进行家校共育为主题的沙龙活动。每位家长都从自己与孩子的日常相处出发，从不同的角度分享了自己的育儿心经。家长们提到一个孩子要成长好，必须要教师用心，学生专心，家长上心。活动最后，大田小学史洪发校长进行了精彩发言。史校长肯定了此次活动的积极性，尤其赞扬了"家长宣讲团"各成员的分享。教育集团王道鹏理事长对本次活动也进行了精彩点评。王校长结合国家的人才培养战略和家校合育的重要性，对班主任老师们提出了要求。

中午，孩子们在教室里与山区孩子共进午餐，品尝大田特色——大田豆腐，大家吃得津津有味。

下午，孩子们与山区小伙伴一起在大田小学种下"幸福树"，大家分工明确，齐心协力，相互配合，到处是忙碌的身影和劳动的欢声笑语，小小一棵树，见证友谊。

插班听课的10位同学向刚刚认识的小伙伴赠送了爱心图书。我和孩子们一起把图书摆放在班级图书角。家长宣讲团为大田小学三年级二班的31位孩子带来了包括巧克力、钢笔套盒和乐高玩具在内的礼盒套装。

随后，在史校长的安排下，我们进入大田小学旁的大泽山林场进行了一节特别的室外科学课，林场的满场长全程为我们做了讲解。入林场后仿佛走进了一处原始森林，满场长指着种的树木说："这是黑松。""这是刺槐。"油松、洛杉矶冷杉、板栗树、核桃树……比比皆是。此时正值初春，梨树、桃树的花正在盛开，给浓郁的森林增添了妩媚。漫步溪流边的林间小路，听着鸟儿歌唱，让人恍如隔世。

孩子们发现了草丛中绿绿的如小葱般的植物，满场长说："这是野葱，可以预防脑血管病。"孩子们就如寻宝一样，开始采摘野葱，要带回家给爷爷奶奶吃。心里很自豪：我带出来的孩子还是很有孝心的。

路旁树上、枯枝上的螵蛸同样引起了孩子们的兴趣。于是，大人、孩子的眼睛又都瞄向了那褐色的卵块。满场长说："这样一个卵块，就可以繁殖200多只小螳螂。"（后记：张姿彤和曹硕带回家的螵蛸果然繁殖小螳螂了。张姿彤的螵蛸枝插在阳台的一个花盆中。在夏天到来之前的一天，家中忽然发现了很多小小的虫子，吓得两岁的妹妹哇哇大哭。后来，才发现是螵蛸惹的祸，一个阳台，爬满了螳螂幼子）

本次活动，让城里孩子感受山里孩子的生活学习环境，让孩子们在"同学习 共成长"活动中收获友谊，在成长路上正确面对困难和挫折。

一天的体验活动，孩子们有了不同的收获。李兆朔是这样记述的：

今天，我们和段老师一起来到了大田小学。

一进校门，校园里非常干净整洁，因为是上课时间，所以校园里静悄悄的。我环顾四周，大田小学比我们学校的面积要小很多，不过这里还能看到群山环抱，环境也很不错。

我们来到了三年级二班，第二节课是语文课，学习第10课"纸的发明"。我们都在认真听讲，记笔记。跟着王老师上课，我仿佛就是三年级二班的一员，老师提问，我也踊跃举手。

下课了，我们和三年级二班的同学们在操场上跑操，玩老鹰捉小鸡的游戏，还踢足球。我最喜欢玩老鹰捉小鸡的游戏了。我当老鹰，领头的老母鸡是大田小学的一位同学，他太厉害了，他紧紧跟随着我，不让我靠近，累得我满头大汗，气喘吁吁，看看他，精神十足呢！我瞅准机会，用尽全力，以迅雷不及掩耳之势，终于捉到了一只小鸡。我们尽情地玩耍着。

转眼间，午饭时间到了。我们在教室里吃午饭。饭菜可丰盛了，有花卷，有炖豆腐，还有炒豆芽，据说，大田的豆腐是我们平度的特色，同学们都吃得津津有味。

大田小学的同学们非常热情，其中一位同学，不但主动帮我把盘子收拾好，还带我去玩跷跷板了呢！他又送给我们几个同学每人一张卡纸。我感到很高兴。

大田小学的同学们非常有礼貌。下午第一节课，我们给小伙伴们赠送了爱心图书、礼物，他们连声说："谢谢！"看到他们脸上洋溢着幸福，我也很开心。

时间过得真快，我们恋恋不舍地离开了大田小学，期待下次重逢。回去的路上，我想：我一定要珍惜现在的学习环境，认真学习，争取取得更好的成绩。

刘依辰是这样描述的：

周五，在段老师的带领下，我和同学们来到了大田小学，参加"同学习 共成长"活动。出发前一晚，我心里很好奇："听说大田小学是个山村小学，会是什么样子的呢？他们的校园美不美？他们的操场大不大……"带着这份期待的心情，第二天我早早起床到学校集合。出发前王校长讲了出行时的注意事项。

去往大田小学的路上，我与同行的伙伴有说有笑，不知不觉我们到达了目的地——大田小学。

正对大门的是一栋漂亮的教学楼，我们背起书包走进教室，与那里的同学一同上课，课下我们一同游戏。

大课间时，我们来到了大田小学的操场，远处有几座连绵起伏的大山，环绕着操场，我们一起奔跑在操场，一起踢足球，一起做游戏……我同他们一起聊天，原来他们中午在学校就餐，爸爸妈妈忙于工作，忙于农活，有几个甚至都是跟随爷爷奶奶生活。

对比我自己，我是多么幸福啊。一个小女孩眼里透着期望，满怀期待地向我询问："你们城里的学校是什么样的？你们那里是不是很美？你们都有爸爸妈妈陪在身边是吗？"

话听到这儿，我想给她们更多的关心，更多的陪伴，这就是大山里的孩子，质朴，热情。

姜宗煜是这样感受的：

今天，天气晴朗，阳光明媚。段老师带着我们一起去大田小学体验学习。

到了大田小学，我发现大田小学和我们开发区小学一样，也有高高的楼房，长着各种植物。

我们一进教室，大家就响起了热烈的掌声，让我们很开心。我坐在一个同学的旁边，他特别友好，他帮我拿书，扔垃圾，熟悉校园。我们一起上课，一起到操场踢足球，我也把我带来的四本课外书作为礼物送给了他。通过一上午的学习，我明白了我们作为少先队员，应该互帮互助，团结友爱，好好学习。

下午，我们上了一节特殊的科学课。老师和家长们带领我们走进了大山，山里的植物很多，微风一吹，它们好像张开了手臂欢迎我们。我在山上捡到了橡子、山葱。山葱这种植物引起了大家的好奇，它的上面有一根长长的茎，下面像我们在家里吃的大蒜。杨朔说它可以治疗心脏病，我回家在网上查了查，原来，山葱是一种中药材，有止痛、止血、解毒的作用，而且可以降血压。

在山上，我还发现了一个螳螂卵块，让我想起了《夏洛的网》中夏洛的卵袋，我把它带回了家，我想让它成功孵化出几百只小螳螂来捉害虫。

大自然的奥秘真多，我们应该走进大自然去寻找奥秘。

我们的多彩班队活动

这真是有意义的一天，我会终身难忘！

张姿彤是这样写的：

在一个生机勃勃、春意盎然的日子里，我们开心地跟着段老师来到了大田小学。

刚进大田小学，我感觉这里比我们的学校小一些。但空气很清新，对面是果园，旁边就是大山，风景不错。

进入校园，首先我们来到了会议室，段老师嘱咐了我们一些注意事项，便带我们来到了教室，跟这里的学生一起上了一节生动的语文课。刚开始我有些拘谨，但看到熟悉的课文，马上融入了课堂。

很快地到了大课间，我们随着同学们一起来到操场，操场不大，但群山环绕，让我想到了"采菊东篱下，悠然见南山"，还想到了"横看成岭侧成峰，远近高低各不同"，真是心旷神怡呀！

开心的体育课后，让我最期待的就是午餐时间啦，咕噜咕噜的肚子让我忍不住地猜想：到底能吃什么呢？正想着，同学们便把饭菜抬到了教室，每人发一个餐盘，里面有两份菜和一个馒头，听妈妈说其中的大田豆腐那可是远近闻名的，怪不得滑滑嫩嫩的很好吃呢！不一会儿，我便实现了"光盘行动"，把饭菜一扫而光。

下午的环节是给大田小学的同学们赠送礼物，我们每人给他们带了四本书，家长们给他们送了巧克力、钢笔和乐高玩具。看着这些同学满脸激动、欢呼雀跃的样子，仿佛在说："这么漂亮的钢笔，我很喜欢。什么味道的巧克力，好想尝一尝。这个玩具怎么玩？……"

不知怎的，突然我也好激动，这些平时我顺手就能拿到的东西竟然让他们能如此高兴，我的生活条件比他们好这么多，我是多么幸福啊！所以我应该好好努力学习，不辜负爸爸妈妈老师的希望！

大田小学的王主任看了孩子们的习作后，留言说："孩子们从内心深处感受到了快乐和幸福，真棒！那位捡到螳螂卵的同学，期待你孵化出小螳螂哦。""还有那位'采菊东篱下，悠然见南山'，'横看成岭侧成峰，远近高低各不同'同学的感受，是不是'读万卷书行万里路'的感觉呀？加油吧，爱读书的孩子！"

图片为"同学习　共成长"活动之"走进大田小学"

走进长乐小学

4月9日，我遴选了8名同学以及家长宣讲团成员赴我们教育集团的另一个成员校——平度市长乐小学开展了第二期以"同学习　共成长"为主题的班队交流活动。

一行人到达长乐小学校园后，唐校长和家长们一起参观并游览校园，行走在宽敞开阔、干净整洁、富有诗书气息的校园中，大家沉浸在长乐小学安静整洁的校园环境中。

8个孩子则在我的带领下，进入长乐小学三年级一班教室共同学习。第二节课，长乐小学三年级一班的班主任李晓辉老师带领孩子们一起学习"连乘、连除"，李教师引导有方，孩子们听讲认真，互相合作学习，共上一节精彩纷呈的数学课。

我们的多彩班队活动

第二节课后，雄壮的《运动员进行曲》音乐响起来，孩子们整齐站好队，跑步进入操场，全校班级带入操场整队后开始了课间操跑步锻炼。孩子们在我和李老师的带领下，迈着整齐步伐，喊着响亮的口号，共同锻炼身体，真正做到强身健体。家长们站在操场周围观看跑操，井然有序的大课间活动让大家齐竖起了大拇指，领导、老师、家长也情不自禁加入锻炼的运动步伐中。

课间操结束后，孩子们继续进入教室学习，我和长乐小学班主任老师聚集录播教室进行主题班会展示和家校共育展示活动。

王道鹏校长致活动开幕词，他说："师生、家长实地交流体验，名师引领，互相研讨，共同成长，定能不断开创开发区小学教育集团更加美好的明天。"

随后，大家共同聆听了我的红色主题班队会录像课"追寻家乡的红色记忆"。这节课以抗日战争胜利纪念日为背景，探寻家乡红色文化，教师和家长带领孩子走进刘谦初纪念馆，走进旧店一大会址，走进大泽山抗战纪念馆，通过让学生实地体验、采访抗战亲历者、查阅资料等形式对学生进行爱国教育。

展示课结束，我就如何上好班队课进行了分享，听课老师们受益匪浅。

随后，家长宣讲团也带来了精彩的沙龙活动。本次参与宣讲的有杨朔爸爸、李兆朔妈妈、张姿彤妈妈、方艺昕妈妈、王瀚玥妈妈、刘佳欣妈妈。长乐小学家长代表和班主任们一起聆听了宣讲。宣讲团成员从自家孩子谈起，娓娓道来，如沐春风。"学习、引导、肯定、鼓励、沟通"传授教子方法，宣讲团家长共同谈到一定要做好"家校共育"，支持学校、支持老师就是支持自己的孩子。一节课的精彩家长沙龙交流分享让长乐小学家长收获满满。

最后，长乐小学艾旭波校长总结讲话，他首先感谢开小师生和宣讲家长，给长乐小学师生及家长一次很好的学习机会，希望每个班级的家长代表好好学习，不断反思提高自己的育儿经验。

午餐时间到了，我带着孩子和家长们一同和长乐小学师生走进学校餐厅共进午餐。孩子们井然有序地排队打饭，吃得香甜，体验到农村孩子的午餐美味。

下午，家长宣讲团成员为长乐小学三年级一班赠送了爱心大礼包，插班听课的8位同学赠送了爱心图书。我和孩子们一起把图书摆放在班级图书角。

下午第二节课，8名学生代表与长乐小学三年级一班的学生一起在长乐小学种下"幸福树"，一起挖坑、一起放树、一起扶树、一起埋土、一起浇水，共同见证"幸福树"的种植和成长，这就是见证爱心，见证友谊。植树结束后，大家一起拍照合影留念，互相勉励。

活动间隙，家长宣讲团的成员们听闻了长乐小学五年级一个孤儿的凄惨遭遇，大家瞬间热泪满眶。在我的带领下，由长乐小学艾校长联系，见到了这个男孩。长乐小学已经为孩子做了很多工作，大家也慷慨解囊，为孩子充话费，送书籍，送食物……纷纷鼓励孩子要努力学习，有问题及时联系。活动结束后，家长还继续给我留言，希望继续关注孩子，资助孩子。

在返程的途中，张姿彤妈妈又带我们参观了店子火烧博物馆。孩子们全程观摩了火烧的制作过程，收获了丰富的知识。

附：孩子们的习作

周五，段老师带领我们三年级一班8位同学来到长乐小学，参加"同学习 共成长"活动。

到达长乐小学，我们走在宽敞开阔、干净整洁的校园里，我心中无比地激动。

我们来到了三年级一班，长乐小学的老师带我们一起学习"连乘、连除"，我们认真听讲，相互学习，共同度过了快乐难忘的一上午。

转眼间，午饭时间到了，我的小肚子早已咕咕乱叫了。我们来到学校食堂，饭菜可丰盛了，有馒头、土豆炖鸡块、紫菜汤，还有茭瓜炒鸡蛋，其中土豆炖鸡块太好吃了，我吃了三大盘，撑得我的小肚子圆鼓鼓的。

下午，我们给长乐小学的小伙伴们赠送了爱心图书和小礼物，他们高兴地连声说："谢谢！谢谢！"看到他们脸上的笑容，我们也很高兴。

我们又来到了店子有名的火烧作坊。那里有最传统的石磨，我们8个同学一起拉着石磨吃力地转了一圈，体会到了以前人们磨面的不易。同时，我们还认识了几种父母时代的农具，虽然没有现在的先进，但也体现了人们的聪明才智。

最后我们来到了火烧作坊的厨房，阿姨给我们详细讲解了做火烧的过程。首先是和好面，再把面放到压面机来回地压，直到把面压硬，这样做出来的火烧会更有筋道，更好吃；然后把压好的面揪成大小均匀的小块，用专用的模具刻成火烧的形状，再把火烧放到炉子里面烤，最后一个个脆脆的、香喷喷的火烧就完成了。

时间过得真快，我希望长乐小学的小伙伴们也能到我们开发区小学，我们再共同学习，一起进步。

（杨朔）

在这个风和日丽、春暖花开的时节，我们跟随段老师来到了长乐小学。刚进门，我发现，这里像一座大花园，红的花、绿的草，还有叽叽喳喳的鸟叫声，真是鸟语花香呀。

接着我们来到了长乐小学三年级一班的教室，和这里的同学们一起上了三节课，一起复习了以前学过的内容。看着熟悉的课本，我们很快融入了这个班集体，我还交了一个好朋友。她皮肤有些黑，戴着个白框眼镜，牙齿很白，笑容很灿烂。我们一起上课、下课休息，玩得很开心。

中午，我们随着这里的同学来到了他们的餐厅。餐厅不大，但很干净，刚进门就闻到了饭菜的香味，今天中午有紫菜蛋花汤、木耳炒鸡蛋、红烧土豆鸡块。段老师说：不能挑食，要节约粮食，不能浪费。我虽然吃饱了，但是看见盘子里剩下的菜，我还是把它吃完了，实现了光盘行动。我跟妈妈说，我饱得连一口水也喝不下去了。

下午，我们把准备的书和礼物送给了这里的小伙伴们，看着他们高兴的笑容，我心里也很快乐。最后我们一起植树、合影留念，希望我们的友谊长存。

临走时，我们听闻了这里有个五年级的大哥哥成了孤儿的事情，段老师和家长们去见了他，并把车里的吃的还有几本书都送给了他，鼓励他坚强、勇敢，以后有时间一定来看他。我听了之后心里也很难过，我们每天不但吃得饱，还想吃得好，穿的衣服更是不知道要挑哪件了，而大哥哥要自己做饭、洗衣、上学、放学，一个人生活。所以我觉得我应该加倍珍惜现在美好的生活，好好学习，不辜负父母、老师的希望。

（张姿彤）

今天，在段老师的带领下，我们来到了长乐小学。

校园虽然小，但是依然干净、美丽。树上不时传来几声小鸟悦耳的鸣叫。

我们走进三年级一班，同上数学课，学习"连乘、连除"内容，同学们都在认真听讲，细心地做题。不知不觉中，下课铃响了，我们一起走出教室，排队来到崭新的操场上跑操，同学们喊着响亮的口号，迈着整齐的步伐。跑完操后，我们在校园里一起做游戏。

又到了上课时间，这次上英语课，老师把试卷投影到投影仪上，耐心地讲解着，我踊跃举手回答问题，老师还奖励了我一个小贴画，我非常高兴。

午餐时间到了，我们认认真真地洗完手，排好队，去餐厅吃饭。饭菜真是丰盛啊！有炖土豆、炒茭瓜、紫菜汤、小巧可爱的馒头，我吃得津津有味。吃完饭后，我把盘子收拾好，放到指定的位置。

下午上课的时候，我们向长乐小学三年级一班赠送了爱心图书、礼物，同学们热烈地鼓掌，我深受感动。看到同学们高兴地笑着，我也感到很开心。

时间过得真快，要离开长乐小学了，我们恋恋不舍地互相道别，期待下

我们的多彩班队活动

次再见面。我一定要珍惜现在的学习环境，更加努力地学习，尊敬老师，团结同学，为小伙伴们树立榜样。

（李兆朔）

今天，段老师带领我们来到了长乐小学，举行"同学习　共成长"班级交流活动。

一进校门，就看到宽敞的校园里既整洁又漂亮。花园里，桃花正开得娇艳，像一个个穿粉裙的花仙子。

随后，我们来到了三一班教室，和同学们一起上课。我们上了数学、英语和语文，每一节课我们都听得很认真，积极举手回答老师的问题，得到了各位老师的表扬。大课间的时候，我们一起去操场跑操，校长和段老师也加入了我们的行列，虽然我们累得气喘吁吁，但是很开心。

到了中午，我们和三一班的同学们一起在餐厅吃饭，我们吃的是土豆炖鸡块，茭瓜木耳炒蛋，我们吃得格外香甜。吃完饭，我们在校园里一起玩游戏，玩得可开心了。

下午的时候，我们把自己带来的礼物送给了三一班的同学们，并且在国旗下合影留念。我们一起种了一棵小树，我给它起名叫"友谊树"，希望我们和小树一起茁壮成长，然后我们依依不舍地离开了长乐小学。

下一站，我们来到了店子火烧博物馆，我们看到了许多老物件和农具，有煤油灯、砚台、算盘、古书等，我们还一起推了石磨，亲身体会到了以前的农民是多么辛苦。我们还去参观了店子火烧的制作过程，看似一个小小的火烧，但是它的诞生需要很多人来分工合作，尤其是烤火烧的阿姨们，她们常年坐在火炉边，满头大汗，真是太不容易了，我们一定要珍惜这来之不易的劳动果实。

回来的路上，道路的两旁到处是果园，像一片片花的海洋，有桃花、梨花、杏花，它们红得似火，粉得似霞，白得似雪，伴随着阵阵花香，我们结束了一天的旅程。

今天真是有意义的一天啊！

（方艺昕）

春暖花开，阳光明媚。今天，段老师带着我们到长乐小学参观学习。第一节是数学课，老师讲的"归一"和"归总"很详细。第二节是英语课，老师讲解了试卷的题目，还让同学到黑板上做题。接下来是大课间，我们和长乐小学的同学们一起到操场上跑操，响亮的口号，整齐的步伐，很有气势。下午我们把带来的爱心图书送给了长乐小学的同学们，希望他们多读书，读好书。在这里，我还交了一个好朋友，也是我的临时同桌，我们一起上课一起玩。美好的时光总是短暂的，我们和长乐小学的同学们用照片留下纪念，依依不舍地离开了。

之后，我们来到了下一个目的地——店子火烧博物馆。博物馆里有店子火烧的制作方法、各种农具等等。农具有播种机、小推车……播种机上面有一个小盒子，下面有一个小孔，小孔下面是一个管道，种子沿着管子流下来，下面又分出一条管道，这就变成了两条管道，种子沿着这两条管道流下来，最后被埋到了土里，在土里生根、发芽。小推车是两侧放东西，只有一个轮子是在中间，古人真的很有智慧！

我非常喜欢这次活动，不仅交到了很多朋友，还学到了很多知识。

（杨曜瑞）

今天，段老师带我们去长乐小学活动，我们的任务就是交新朋友。

我在去的路上想：交朋友不是很简单吗？到了长乐小学，段老师带我们去三年级一班，他们已经上完第一节课了。我们上午上完课就去学校食堂吃饭了。

吃完饭，我们就开始交新朋友了，交来交去，可是还没交到。正当我以为交不到朋友了，我前面的王佳惠主动叫我出去玩的时候我们成了好朋友。我们一起跳皮筋，一起看书，可是我们就要走了，我下一次来的时候，希望还能一起玩耍。

我们离开长乐小学，来到了店子火烧博物馆。看到了做火烧的工具。我们去看了现在火烧的做法，到了地方，我知道了先和面，再压面，把面压成饼，刷上油再卷起来，一块一块掰下来，压成厚饼，装模具里，再扣出来，最后加热就成了一个火烧。最后，我们回家了。

今天真是开心啊！

（王瀚玥）

星期五的早晨，阳光明媚，我和同学们早早地就来到学校北面的停车场集合，等待着段老师带领我们去长乐小学学习，我们激动又兴奋。

在车上，我们一边欣赏着美景，一边欢声笑语地，不知不觉就到了长乐小学。一下车我们就被校园里的花朵吸引住了，远远望去像一只只美丽的小蝴蝶落在枝头。鸟儿在树上叽叽喳喳地叫着好像在说："欢迎你们来到长乐小学，欢迎你们来到长乐小学……"我们排着整齐的队伍跟着段老师走进了他们的教室，第二节课是数学课，老师先给我们巩固了一下知识，他们老师讲的跟我们老师讲的有点不一样。段老师说过让我们来的主要目的就是要相互学习的，学习他们的长处。

不知不觉就要分别了，我们把礼物送给了他们，一起到操场上合了影，和自己交到的朋友拍了一张照片。长乐小学的小朋友特别地热情，我们还没有玩够，就依依不舍地离开了。

离开长乐小学，我们就来到了店子火烧博物馆。在博物馆里，段老师带我们认识了做火烧的工具，那时候的工具都是用木头制作的，虽然那时候的农具没有现在的这么先进，但是体现出了古代劳动人们的智慧。

走出博物馆，我们就要去品尝火烧了。我们还真的有点饿了呢！一走进火烧店，就闻到了一阵阵火烧的香味扑鼻而来。段老师带着我们去参观了一下火烧的制作过程，火烧要经过很多工序，经过很多人的劳动，才能制作成功。吃着香喷喷的火烧，让我明白了我们做一件事情，必须要付出很多劳动才能有收获。

　　通过这次去长乐小学学习，让我明白了现在的生活条件都是父母辛勤付出换来的，这次学习机会也是段老师帮我们争取过来的，我们要珍惜这么好的学习条件，好好学习，报答父母和老师。

（刘佳欣）

图片为"同学习　共成长"活动之"走进长乐小学"

我们的多彩班队活动

做家乡小小代言人

——走进平度市档案展览馆

为更好地感知我们家乡的历史，感知家乡的变化，做家乡的小小代言人，7月27日上午，我们的研学小分队走进了平度市档案展览馆。在半天的参观学习中，孩子们了解了平度源远流长的历史，光辉璀璨的文化，以及平度人民奋发图强所取得的令人瞩目的成就。

本次活动为姜宗煜妈妈争取而来。

档案展览馆共分为三个展厅，平度市史志办公室刘敏松主任全程为我们进行了讲解。

活动伊始，刘主任为孩子们赠送了平度历史文化名人和革命英雄的纪念书签。

在第一个展厅，刘主任为我们讲解了平度悠久的历史。平度是胶东半岛人类最早的聚居地，韩村遗址、岳石文化遗址的发现，印证了平度有六千多年的文明史。平度城内人文古迹众多，历史文化人物辈出，是一座历史底蕴深厚的城市。

平度名字的由来，火牛阵的故事，同科三进士，即墨古城……听到精彩处，我也忍不住引经据典讲解一番。

一块块展板，一个个故事，记录着平度的历史，大家在刘主任的引领下，激情高昂地述说着对家乡的热爱。

平度在中国革命史上有着光辉的一页，为推翻帝国主义、封建主义、官僚资本主义，平度有4393名英雄儿女英勇捐躯，他们是党优秀的儿女，是平度人民的精英，他们的丰功伟绩与祖国山河永存，他们的崇高精神永远激励平度后人。

在这个展厅，孩子们进一步了解了杨明斋、刘谦初等平度人民前赴后继，艰苦卓绝地开展革命斗争的动人事迹；大泽山抗战纪念馆、平度第一个党支部、平度一大会址等等，这些我们曾追寻过的家乡红色记忆，再一次触动了我们的心弦，让孩子们重温了那段红色历史，更加珍惜现在的美好生活。

新中国成立后，平度人民在党的带领下，栉风沐雨，历经艰难，终于取得了令人瞩目的成就。平度市各项事业取得了前所未有的跨越和发展，居民衣食住行等生活水平显著提高。平度，展现出一片欣欣向荣的景象，我们的家乡正如一颗耀眼的明星，在胶东半岛冉冉升起。

活动结束后，刘主任对孩子们提出殷切希望：希望少先队员们好好学习，将来更好地报效祖国，建设家乡。

平度历史，源远流长；平度文化，光彩夺目；平度人物，熠熠生辉。让我们为建设"大强富美"的新平度而奋发努力，为加快打造青烟潍城市群会客厅和青岛辐射带动半岛一体化发展桥头堡而贡献自己的力量，让我们共同祝愿我们美丽的家乡——明天会更好！

图片为2021年7月27日参观平度市档案馆时拍摄

2021年7月27日

我们的多彩班队活动

我是"非遗"传承者

——走进平度市陶艺博物馆

那一团团黄色的泥

就在一双双灵巧的手中

一转，一捏

一扶，一放

变成小罐、小碗、花瓶……

10月11日下午，平度凤台"非遗"陶艺公益课走进我们班级，何家楼陶艺博物馆张永伟馆长和张茂林老师给孩子们送来了一节精彩纷呈的陶艺体验课。课程结束后，孩子们对这一非遗资源的兴趣大大提高，对陶艺的制作意犹未尽。

我联系了张老师，表达了想要继续体验的愿望，张老师痛快地答应了。

10月16日，天气骤凉，入秋后的第一次降温，却没有挡住孩子们传承"非遗"的热情，我们和部分家长一起，走进"中国土陶第一村"——平度凤台街道办事处何家楼村的陶艺博物馆，发掘家乡的非物质文化遗产资源，争做非遗小小传承者。

陶艺博物馆张永伟馆长热情地接待了我们，土陶传承人张茂林老师带我们参观了博物馆，并从何家楼村的由来开始，为我们做了何家楼村土陶发展历史的详细介绍。

何家楼的土陶有红陶和青陶两种，分为生活、建筑、工艺品三大类别，1000多个品种。队员们在张老师的讲解下，时而被栩栩如生的人物所吸引，时而被古老的传统工艺所折服。当看到那留着两个窟窿的土陶制成的婴儿坐盆时，更是感叹劳动人民的勤劳和智慧。段老师和家长们也结合小时候的生活经历，和队员们讲述生活用品和建筑用品的名称以及用途，队员们听得津津有味。

张茂林老师还给我们演示了传统土陶制作方式，在老窑前演示了部分工具的使用，队员们愈发跃跃欲试。

博物馆廊檐下，一排机器已经摆好，一块块黄色的陶泥也已待命。张茂林老师先给我们演示了土陶的制作方法，只见他用脚踩住电动转盘，一边说："制作的时候一定要注意手部力量的控制。"一边用手给陶泥拉坯塑形。转眼，一个陶罐坯就在他手里成型了。

在张老师的指导下，队员们发扬互帮互助的好习惯，兴致勃勃地开始了体验。家长们也兴冲冲地加入了指导和体验过程。

活动结束后，张茂林老师为参与体验的队员们赠送了礼物——土陶工艺品。队员们纷纷表示，中国的非遗文化历史悠久，非遗技艺巧夺天工，个个都是古人智慧的结晶，我们要多多培养自己非遗技艺的爱好，去学习，去宣传，更好地把中国古老的非遗文化技艺传承下去。

图片为2021年10月16日参观平度陶艺博物馆时拍摄

2021年10月16日

我们的多彩班队活动

小纳米　大智慧

——"青岛院士港纳米综合实践基地"研学小记

为进一步拓展学生的思维，开发学生的创造潜能，培养学生的动手能力，10月23日，我们全班的孩子走进青岛院士港聚纳达纳米科技综合实践基地，感受科技的魅力。杨朔爸爸、李兆朔妈妈和吕梓宸妈妈一起参加了研学活动。

青岛院士港聚纳达钟金涛副总经理全程陪同我们参加了研学。

基地派来的大巴车接我们来到研学基地，讲解员老师带我们进入一楼展厅，为我们讲解了纳米的基本知识。通过一个滑动的电子屏，我们了解了很多纳米科学家以及他们的经历。

展厅内的纳米纱窗、纳米纤维防雾霾口罩等神奇的功能让大家产生了浓厚的兴趣。

在三楼教室，基地的老师为大家讲授了纳米课程"拼一拼纳米智慧球"。老师先带领大家了解了足球烯，它是由六十个碳原子构成的分子结构，广泛应用在各个领域。

随后，老师带领我们观察足球的形状，找出规律，拼插足球。大家兴致勃勃，互帮互助，体验动手带来的快乐。

下午第一站，我们参观了世园会的"水母馆"和"植物馆"。

"水母馆"里形状各异的水母，在彩灯的照耀下，仿佛身着彩衣的仙子，摇曳着身体，在水中翩翩起舞。

"植物馆"的植物更是让我们大开眼界。汁液足以致命的见血封喉树；一木成林的榕树；能蓄水的旅人蕉；受损伤后流出红色液体的龙血树……大家嗅着花香，闻着鸟语，听着流水潺潺的声音，走出大门，还依依不舍。

回到基地，一节"水滴在荷叶上跳舞"的纳米科学课又吸引了大家的眼球。大家屏气凝神，静静地听老师讲解。并动手实验了荷叶的疏水和疏油。一粒粒小水滴在荷叶上滚来滚去，如珍珠一般。这个小实验，如诗，如画，深刻地印在了孩子们的心中。

一天的研学，不仅对大家进行了科普教育，同时也拓展了科创实训技能。大家在参观体验的过程中，开拓了眼界，感受了科技的奇妙和力量，在心中种下了科技创新报国的梦想。

图片为2021年10月26日青岛纳米综合实践基地研学时拍摄

2021年10月26日

我们的多彩班队活动

垃圾去哪儿了

——走进平度市垃圾处理站

每天

每个家庭都会扔出很多垃圾

垃圾去哪儿了？

实行生活垃圾分类，关系到人民群众的居住环境和部分资源循环使用，更是社会进步的一个重要体现。11月14日，平度经济开发区小学四年级一班部分同学在我和家长的带领下，来到了平度固体废弃物中转站、固体废弃物填埋场和光大能源环保有限公司开展研学活动。

平度经济开发区小学王道鹏校长一起参与了活动。

一行人先来到平度固体废弃物中转站。工作人员告诉我们：全市的垃圾都运到这里进行压缩，然后再运到垃圾处理厂。

来到垃圾压缩工作区，工作人员给我们详细讲解了垃圾压缩的过程以及装载的过程。看到一车车的垃圾在现代化机器设备的操作下运走，同学们纷纷感叹："垃圾中转都这样的高科技了，我们一定要努力掌握科学知识。"

随后，我们来到固体废弃物填埋场。

固体废弃物填埋场于2009年运行，现在已经封场。这可不是一个简单的填埋场，它建有高标准的场区防渗、污水处理和沼气收集利用等环保控制工艺。工作人员讲解的甲烷等名词，让同学们顿时觉得垃圾处理也需要高科技。

置身在填埋场，虽然已是初冬，但生机盎然的小草还是绿油油的，阳光暖暖的，空气清新，丝毫感觉不到脚底下就埋藏着我们制造的垃圾。

在这里，我们把慰问品赠送给了辛苦的环卫工人。

第三站，我们来到了光大能源环保有限公司，听说，中转站的垃圾都是运到这里进行焚烧的。

一进门，一道"彩虹"就吸引了我们。喷泉在阳光的照耀下弯成一道彩虹，假山、流水、鱼儿、草地……这是垃圾的最终归属地吗？

在讲解员的带领下，我们走进了一尘不染的工作区。在展厅，我们知道了在这里生活垃圾最终能发电，变成人们可利用的能源；在主控室的屏幕上，我们看到了垃圾在熊熊烈火中焚烧，而这一切，只需要用电脑操作即可，让我们有一种神舟飞船升天的神秘感；在玻璃封闭搭成的垃圾运送操作台上，两位操作员熟练地操作着两个大铁爪，灵活地将垃圾抓起，放下。

整个工作区，只有几位工人在操作，几乎全是电脑远程遥控，同学们纷纷感叹："我们的垃圾太多了！""科学技术太发达了！"最后，我们来到放映室，观看了垃圾最后变成能源的动画片。

参观结束，我鼓励同学们在日后的生活中关注点点滴滴，节约能源消耗，自觉进行垃圾分类，并以小带大，号召亲朋好友共同参与到低碳环保的绿色生活方式中来，将文明的种子播撒至千家万户。通过节约生活中的一点一滴资源，维护良好的生态环境，构筑我们的和谐家园。

图片为2021年11月14日参观平度市垃圾处理站时拍摄

2021年11月14日

我们的多彩班队活动

创城，我们在行动

城市，是一个比家更大的家，这个家，有你有我；文明，是一座城市最美的底色，文明，靠你靠我靠他。9月24日下午，全班的志愿者在我和赵海青老师的带领下，和家长志愿者们一起，穿上爱心家长赠送的志愿者服装，戴上爱心家长准备的一次性手套，手持垃圾袋，走上街头，走进植物园，你我携手，众志"创"城。

平度经济开发区小学王道鹏校长在活动前鼓励队员们积极参与"创城"行动，做文明小学生，做时代好少年，用日常文明行为为学校和城市增光添彩。

一离开校门口，走上马路，小小志愿者们就投入到了积极的活动中。一个小烟头，一张小纸片……都被他们——收归袋中。

在老师和家长们的带领下，志愿者的队伍一路向北，走进了风光优美的植物园。灌木丛中，大树底下，废纸、果核、食品袋、坏打火机……原本就已经很整洁的植物园越发干净、美丽。

伴着暮色，带着劳动"成果"回到学校门口，在学校门口的集中垃圾投放点，小志愿者们有秩序地把捡拾的垃圾投放到垃圾箱。让城市更美好，不仅仅是一次活动，也不仅仅是孩子们做的一张手抄报，而是每个人每天都要参与的常态化行动。水滴虽小，集众力可汇聚成江海。亲爱的家长朋友、同学们，让我们携起手来，积极投身到共建文明城市的行动中去，为创建全国文明城市贡献出自己的一份力量，共建我们美好的家园！

附：开小2018级1班红领巾志愿服务小队

为弘扬"奉献、友爱、互助、进步"的志愿服务精神，提高青少年的社会责任感，"开小2018级1班红领巾志愿服务小队"在爱心家长的多方帮助下成立啦!

　　开小2018级1班红领巾志愿服务小队依托"德润平度 志愿者服务平台",在平台发布活动招募、开展活动、活动发布成果,完整记录志愿服务活动时长。

　　志愿服务小队的活动内容包括劳动实践、调查参观、环境保护、助残爱老等等,立足班级,服务社区,面向社会,塑造心灵,传递爱心。

　　志愿服务小队队长由2018级1班班主任段丽风老师担任,成员由2018级1班同学、家长和任科教师组成。

　　开小2018级1班红领巾志愿服务小队的队旗中央是2018级1班的班徽。班徽中的棵棵小绿芽伸展着,向着太阳蓬勃生长,寓意孩子们在老师、家长及祖国的关心下,健康茁壮地成长,也蕴含着孩子们用自己的绵薄之力为创造我们的和谐社会而努力。

图片为2021年9月24日"让我们的城市更美丽"之创城活动

我们的多彩班队活动

特色类班队活动——追寻家乡的
红色记忆

少年强则国强，少年独立则国独立。2021年2月20日，习近平总书记在党史学习教育动员大会上强调，抓好青少年学习教育，让红色基因、革命薪火代代传承。青少年是祖国的未来和希望，要想引导学生扣好第一粒扣子，就要培养他们学习党史知识的浓厚兴趣，让波澜壮阔的百年党史根植于他们的灵魂和血液，从而树立强烈的爱国主义情感，指引他们坚定前行。

平度拥有丰富的红色资源，位于平度东端旧店镇的"罗头村平度市第一个党支部旧址和东石桥村中共平度一大会址"，平度西端的明村镇的"杨明斋故居"，平度南端南村镇的"宗家埠村解放战争时期青岛市委所在地"，平度北端大泽山镇的"大泽山抗日纪念馆"，以及中部的田庄镇刘谦初故居，蓼兰镇的"五虎将抗日纪念馆"等等。这些红色资源就在自己的家乡，在我们的身边，就是一部部鲜活的党史。

"追寻家乡的红色记忆"这个活动源于我参加的青岛市班主任优质课，2020年班主任优质课有两个班队会课题，一个是"厉行节约反对浪费"，还有一个课题是"纪念中国人民抗日战争胜利70周年暨世界反法西斯战争胜利70周年"。我选择了第二个课题，原因有两个：关于节约和浪费这个话题，我们在平时的班队活动中经常会进行渗透，我认为没有多大的新意；抗日战争暨世界反法西斯战争对于三年级的孩子却只是一个比较模糊的认识。为了给孩子创造一个新的学习领域，我针对平度红色资源丰富的特点，选择了第二个课题，并利用国庆节期间对这个课题进行了设计。

国庆节假期结束返校的第一天，我就把我的活动设想说给了我的家校共育联盟部分成员听。成员们都很支持，姜宗煜妈妈主动承担了联系场馆的任务，杨朔爸爸说："段老师，没问题！您的活动我大力支持，如果有个别小分队的家长没有时间带队，我随时听从您的安排，带孩子们出行。"看到家长们这么支持我的活动，我的心暖暖的。

最后因为疫情等原因，我们这一次主题班会出行了三个小分队：聆听老英雄的革命故事，走进刘谦初故居，走进大泽山抗日纪念馆。而我也决定把国庆节调休后仅有的一天的周末时间全部拿出来，陪着孩子们走近家乡的革命英雄，聆听他们的革命故事；追寻家乡的红色记忆，重温那段峥嵘岁月；感悟革命精神，传承红色精神。

也就是因为这三个小分队的探访活动，我才知道，原来我们平度拥有这么一大片红色的资源，这是一个对孩子们进行革命教育、弘扬爱国主义精神的多么好的有利的条件啊！于是我决定，即使这一次优质课录制完毕，我也会继续带着孩子们来追寻我们家乡的红色记忆，带领他们了解家乡，了解家乡的革命史，以及家乡的新变化。

图片为2020年10月11日参观刘谦初故居时拍摄

我们的多彩班队活动

听革命英雄都基卿奶奶讲革命故事

2020年10月11日上午，"追寻家乡的红色记忆"第一小分队在张姿彤妈妈和我的带领下，来到了老革命英雄都基卿老奶奶家。都老奶奶出生于山东威海的一个贫穷的家庭，很早就参加了革命工作，曾任昆嵛县十四区妇女主任，乳山县整党工作队队员，平度新河公社妇联主任、党委委员等。

在前几天，我就联系了都奶奶的女儿——姜阿姨。姜阿姨是表妹的婆婆，也是我们平度的一位雷厉风行的退休干部。听说我要带孩子们去听都奶奶讲故事，姜阿姨非常高兴，她爽快地说："你奶奶很喜欢讲她的革命故事，她的革命故事，一讲能讲一上午，前一阶段刚刚给妇联干部讲过。"

我一听喜出望外，对姜阿姨说："阿姨，奶奶年龄已经很大了，我们不用她给我们讲那么长时间，别累着她。就给孩子们讲一讲她早年参加革命战争故事，两个多小时就行了。"

现在的孩子们接触革命知识，都是从电视或书本中来接受。但是，电视或书本中的革命故事，距离他们太遥远了，其实英雄就在我们身边，所以让老奶奶来讲一讲她年少时的故事，会让学生有一种历史的亲近感，能更好地激发孩子们的爱国主义情感，珍惜现在的幸福生活。

然后，我和姜阿姨约定了时间，就期待周日的活动了。

周日上午，我和小分队约定8点在都奶奶所住小区的大门口集合。十月的天非常晴朗，早晨的阳光温暖地照耀着大地，也照耀着孩子们整洁的校服和鲜艳的红领巾。家长们带着孩子们都按时到达了约定地点，李兆朔妈妈还给老奶奶准备了一个大花篮。

一行人排着队，整整齐齐地来到了都奶奶家里，老奶奶的儿子姜伯伯接待了我们。一进门，打扮得干净利落的老奶奶就迎了上来，步履虽然有点儿慢，但还是很矫健，依稀看到她当年的英姿飒爽。我和李兆朔一起把花篮送给了她，她乐呵呵地说着感谢，热情高涨地拉起孩子们的手，寒暄几句后，就和我们讲起她年少时期参加革命的故事。孩子们拿出准备的本子和笔，专心致志地听起故事来。

都老奶奶很小的时候，母亲就去世了。在地下工作者曲老师的引领下走上了革命道路。老奶奶已经93岁了，白发苍苍，耳朵有点儿背，说话还带着浓郁的乳山方言口音，但老奶奶讲的两次《送信》的故事，孩子们听得津津有味。尤其是她的那句"怕死不革命，革命不怕死"的响亮口号，更是让孩子们记忆深刻，感受到了共产党人不怕牺牲的革命精神。

不知不觉到了10点半，老奶奶讲得还是兴致勃勃。中间，我几次给她递过水杯，想让她喝点儿水润润嗓子，她都摆摆手，怕浪费时间。我小声询问姜伯伯老奶奶的身体，姜伯伯说："她喜欢讲就让她讲吧！"但我还是担心老奶奶的身体，一直到了11点，老奶奶才在我的坚持下和孩子们说："你们现在的生活这么幸福，一定要珍惜！"

李兆朔对都奶奶讲的故事记忆深刻，在"中华情·中华梦"全国征文比赛中，他回忆了老奶奶讲的故事：

由春节馒头想到的

"二十八，把面发……"春节蒸馒头，预示着来年的日子蒸蒸日上。七十多岁的姥姥和我们住在一起，亲朋好友接二连三地送来了她最喜欢的春节"福饽饽"。姥姥看着这些又白又胖的馒头，洋溢着一脸的幸福。她喜滋滋地牵着我的手，一个一个地给我介绍：圆圆的福字馒头预示着新的一年福气满满；又香又甜的大枣馒头寓意来年的日子红红火火；还有各种磕花馒头，有葫芦的，有元宝的，有莲蓬的，有小鱼的……栩栩如生、形态各异的馒头，都饱含着人们的美好愿望。

一个个普通的馒头竟能做成一件件精美的工艺品，我也很感兴趣。姥姥

我们的多彩班队活动

感慨地说："兆朔，你妈像你这么大的时候，只有过年才能吃上白面馒头，而且还要分着吃，我们现在的生活真是太幸福了！"

听姥姥这么一说，再看看满屋的馒头，我不由得想起了老革命英雄都奶奶讲的故事。去年十月，段老师带着我们几个同学去老八路军都基卿老奶奶的家里听革命故事。老奶奶已经94岁了，她很小就参加了革命工作。她亲身参与的革命故事惊险机智，让我佩服不已，但她那时的贫苦生活也让我记忆犹新。

有一次，老奶奶根据上级要求，要在夜里把一封信送到驻扎在山上的部队。天刚擦黑，她就把信绑在胳膊上，独自走在夜黑风高的山路上。走着走着，她突然发现前面出现了两簇绿莹莹的光，再仔细一看，一个全身乌黑的东西在向她移动。她知道遇到了狼，这个山上经常有狼出现。她心里虽然害怕，但是依旧不慌不忙，赶紧从口袋里拿出火柴，划了一根火柴，狼站住了，不再向前走，但却没有离去。火柴一会儿就灭了，老奶奶连忙又划了一根火柴，接着她又从口袋里掏出一张纸点燃了，火光大了，狼看见火光，逃跑了。山顶上的哨兵看见火光赶紧跑下来，问清楚了是怎么回事，这才松了一口气。就这样老奶奶安全地把信送到了。

老奶奶没顾上休息，又急急忙忙地往家赶，一路上，肚子饿得一直咕咕叫。一进家门，就赶紧找饭吃，家里一口饭也没有，她只好从桌子底下找出一个生地瓜，从门外的地里拔了一棵葱，狼吞虎咽地吃了起来。

"兆朔，兆朔！"姥姥的呼喊把我从都奶奶的故事里唤了回来，一股股馒头的麦香味又扑鼻而来。老奶奶身处危险当中，又累又饿，只能靠吃生地瓜来充饥，却依然为了人民的幸福生活，勇敢地参加革命工作。想一想老奶奶那时以大葱地瓜为主食，妈妈小时候过年才吃馒头，再看一看我们现在：父母不仅能让我们吃饱，还变着花样让我们吃得有营养，蔬菜、水果……应有尽有。穿衣、住房、交通更是发生了翻天覆地的变化。现在我们的祖国强大了，我们一定要好好珍惜这来之不易的幸福生活，好好学习，积极向上，让我们的祖国越来越繁荣昌盛。

听抗美援朝志愿军刘爷爷讲故事

从都基卿老奶奶家出来，刘益硕妈妈说："刘益硕的爷爷曾经参加过抗美援朝，今年还收到了政府发的抗美援朝的纪念章。"听了这句话，我很吃惊，原来在我们同学的家里，竟然还健在着一位老英雄，我赶紧和刘益硕妈妈说："有机会我们一定要邀请老英雄来给我们班讲一讲他的抗美援朝的革命故事。"

2021年清明节前夕，"追寻家乡的红色记忆活动"继续进行。我忽然想到了刘益硕的爷爷，我们还没有听他的抗美援朝的故事呢。于是赶紧联系刘益硕妈妈，她在电话里告诉我，刘益硕的爷爷年龄已经很大了，现在已经不能讲话了，耳朵也听不见了，革命故事只能由刘益硕的奶奶代替来讲一点。但是因为不是亲临者，所以讲的故事也不是很生动，只是简单的几句话。我说："没关系，那就让奶奶来讲一讲，再把各种奖章拍照片给大家看一下，录一个简单的小视频，让同学感受一下：战争原来距离我们就是这么近。"

视频在第二天就发给了我，在视频中，刘爷爷穿着一件朴素的青色中山装，戴着一顶黑色的毛线帽子，脖子上戴着各种奖章坐在轮椅上，一只手放在轮椅扶手上，一只手拉着刘益硕的手，慈爱地看着小孙子。刘益硕介绍说："这是我爷爷，他今年92岁了。他之前当过解放军，参加过抗美援朝战争，在抗美援朝战争中冻去了双腿。他得了很多勋章，过一会儿我给大家介绍一下。"听到这里，我想到了邱少云，邱少云在执行任务的时候，为了不暴露部队，任火把自己包围，直至烧死，也一动不动。刘爷爷是不是也是在执行任务的时候，为了掩护别人或者不暴露目标而被冻去了双腿？

镜头一转，各种奖章摆在了桌子上，有的一看就年代久远，有的是崭新

我们的多彩班队活动

的，刘益硕指着奖章逐一介绍："这一枚是全国委员会发的奖章，这两枚是渡江战役胜利的纪念章……这个是2019年庆祝中华人民共和国70周年纪念章，这个是2020年中国人民志愿军抗美援朝出国作战70周年纪念章……"一枚奖章，一次作战经历；一枚奖章，一次生与死的考验；一枚奖章，换来我们后辈们的幸福生活。

刘益硕的奶奶身体要比爷爷健硕得多，她戴着一副眼镜，头发花白，声音洪亮，侃侃而谈："刘益硕的爷爷17岁就当兵了，然后就上了战场。在抗美援朝战争中受了伤，冻去了双腿，那时候他才20多岁，现在安着假肢。他现在已经92岁了，不能动了，自己也不会吃饭了，需要我们伺候他。他为国家出力是应该的，他们把敌人打了出去，我们老百姓过上了幸福的日子，也不缺吃的，也不缺喝的。我小时候，日本鬼子打我们，我们随时提溜着包，说走就走，说跑就跑。如果跑不了，那时候太吓人了，日本鬼子真杀人。我们活到现在，过上了好年头，都是毛主席和习主席他们给我们带来的好生活。"

随后，刘益硕妈妈发来了一些资料，原来，刘爷爷名字叫刘书教。1948年2月参加了莲花山战斗，在战斗中俘获了国民党士兵和武器；1948年10月在胶东新六师十六团加入中国共产党；1950年10月参加抗美援朝战争，同年在战争中冻去双腿，那一年，刘爷爷年仅21岁。

孩子们观看了视频之后，仿佛看到了当年的峥嵘岁月，似乎感受到了革命英雄们那种不怕吃苦，不怕牺牲，艰苦奋斗的精神，孩子们深深体会到当年生存环境的艰苦，这一刻他们对不畏艰难困苦的精神有了更深层次的感悟，纷纷在班级群里留言：

回顾历史，我们真是新时代的幸运儿啊，我们应该珍惜这来之不易的幸福生活，应该懂得身上所肩负的历史使命，我们更要发奋学习，继承革命先烈的遗志，为家乡的建设，为祖国的繁荣富强而努力奋斗。（方艺昕）

现在刘益硕爷爷不能说话，通过刘益硕奶奶的讲解，我知道了现在的生

活来之不易，许多烈士为了我们今天的幸福生活献出了生命。我们要时刻铭记历史，珍惜眼前的幸福生活。（曹硕）

刘益硕的爷爷今年92岁了，他参加了抗美援朝战争，在战斗中失去了双腿，那时才20多岁。听到刘益硕的奶奶讲到这里，我心里一揪：如今的幸福生活，背后有多少人的牺牲与付出呢。看到爷爷陈列的各项勋章，我无比震撼与自豪：这就是我们的英雄，是我们学习的榜样。我们要向英雄们学习，奋发向上，做一名当代合格的小学生。（刘依辰）

看了刘益硕爷爷的视频，我对爷爷肃然起敬。抗美援朝战争，历经两年零九个月艰苦卓绝的浴血奋战，赢得了伟大胜利。老一辈革命家为了人民的幸福生活，舍生忘死，不怕流血牺牲。用胸膛堵住枪眼的黄继光；扛起炸药包，拉燃导火索，冲上敌阵的杨根思；为了胜利在烈火中牺牲的邱少云……在我们班"追寻家乡的红色记忆"主题班会中，我们了解了他们的故事。然而，在我们身边，这样的革命英雄也有很多。我们一定要好好珍惜这来之不易的幸福生活，好好学习，积极向上，让我们的祖国越来越繁荣昌盛。（李兆朔）

两次走进刘谦初故居

一、初寻谦初精神

刘谦初是平度人民的骄傲。他是中国共产党早期著名领导人之一，是山东省第一任省委书记，1929年8月6日，因叛徒出卖，不幸被捕入狱。1931年4月5日，被国民党反动派韩复榘杀害，牺牲时年仅34岁。"追寻家乡的红色记忆"之探访活动的第一站，我就选择了这个我们引以为荣的地方——刘谦初

我们的多彩班队活动

故居。

上午聆听了都奶奶的革命故事后，中午我稍做休息，也就是在10月11日的下午，我和杨朔爸爸，李贞慧妈妈，荣忠智、荣忠硕的妈妈，以及于子轩的爸爸又带领第二小分队来到了位于平度西部的刘谦初故居——田庄镇小刘家庄村，驱车40分钟便可到达。

站在故居门前，打量着这古朴的三间老屋，那充满沧桑感的青砖白墙，这么普普通通的平度传统式民居，却承载着革命先烈无畏的精神，沉淀出一种历史的自豪感。

进入故居，凝视着刘谦初的照片，英姿勃发，睿智的眼神中透露着智慧，闪烁着刚毅。我在心中感叹：在那一个年代，一个农家孩子，便有如此救国救民的胸怀大志，真是一位千古奇才，可惜英年早逝。

在故居内，我们偶遇了已退休的平度教体局师训中心的孙建业老师。他目前是我们平度红色园区建设的一个志愿者顾问。见我带着孩子们来到刘谦初故居，他兴致勃勃地又当起了讲解志愿者，给我们讲解刘谦初的故事，其中刘谦初在求学期间的一个故事吸引了孩子们。

姜宗煜记住了这个故事，把这个故事讲给了他的爸爸妈妈听，还给全班同学讲了一遍：

今天，我和同学们参观了刘谦初故居。跟随讲解员老师，我们一起聆听了革命先烈英雄事迹，无不被刘谦初烈士为革命事业献身的伟大事迹所感动。其中，让我感触最深的是刘谦初努力求学过程中的一个故事。

1918年至1920年，刘谦初在齐鲁大学预科班学习。毕业后，因家境不好，不能继续深造，便到黄县崇实中学任教。一次偶然的机会，他参加了基督教上海圣教书报公会以"我的二十世纪宗教观"为题举办的征文活动，他的文章被评为第一名，当时有两种奖励，一种是给刘谦初四百大洋，另一种是获得去燕京大学学习的机会。刘谦初没有为金钱所动，毅然选择了去燕京大学学习，而且他特别珍惜这次学习机会，在学校里刻苦努力，取得优异的成绩。当时的刘谦初烈士放弃银元大洋选择去学校读书，是因为他深知只有青少年强大，国家才会强大。作为新时代的少先队员，我们要继承和发扬革命先烈的伟大精神和优良传统，好好学习，为将来把祖国建设得更加强大而奋斗。

我和孩子们还一起学习了刘谦初在狱中写给妻子张文秋同志的信："无论在任何条件下，都要好好爱护母亲！孝敬母亲！听母亲的话！你的快乐，也就是我的快乐；你的幸福，也就是我的幸福！"我问孩子们："你们知道信中的母亲说的是谁吗？"孩子们对于革命时期英雄们的坚贞信念还不能深刻理解，纷纷说："是刘谦初的妈妈。"我摇摇头，说："在信中，刘谦初将党视为最为崇高可敬的母亲，而把自己看作党的忠实儿子。"孩子们对于我的话似乎还是一知半解，但我相信，我们"追寻家乡的红色记忆"的活动进行到一半，孩子们就会深深地懂得这份情感，也就会从心里萌发出为国家、为人民做贡献的信念。

孙老师带我们来到广场正中间刘谦初雕像的后面，那里雕刻着刘谦初的革命精神——"我欲我身济天下，我以我血荐中华"。这句话是从刘谦初的经历里提炼出来的，孩子们站在那儿，用心地吟诵着。

故居的右侧，新建的宏伟的刘谦初纪念馆坐落在那里，红砖红墙，一片赤诚丹心，孙老师说，这个展馆，目前已经建好，但是里面的资料以及各种设备得十月底才能全部摆放好，所以很遗憾，现在不能进去参观学习。

孩子们自由参观期间，我和孙老师又做了简单的交流，孙老师非常赞同我的这个活动，鼓励我带着孩子们继续探访下去，讲述我们平度的革命故事，传承红色精神。

二、再探谦初精神

2021年是中国共产党百年华诞。我以党史学习教育为契机，结合前一阶段组织的活动，精心设计各种"沉浸式+参与式"学党史活动，继续以小分队形式，开展"追寻家乡红色记忆传承革命红色基因"活动。4月28日，

我们的多彩班队活动

为了再次弘扬"谦初精神"，我带着孩子们再次走进"刘谦初红色文化园"，讲谦初故事，吟诵《少年中国说》。

为了这次活动，我提前召开了"家校共育联盟"会议。我的提议得到了成员们的赞同。会议期间，刘益硕妈妈联系好了录像摄影师，张姿彤妈妈联系好了包车，彭煜坤妈妈承担了购买小国旗的任务，姜宗煜妈妈联系了"刘谦初红色文化园"的入场。我和音乐老师郭晓菲老师也进行了沟通，对吟诵进行了构思。一切井井有条。

4月27日，我们学校举行期中阶段检测。下午，最后一科的检测完毕后，我和郭老师就带着孩子们来到了多媒体教室，开始排练。郭老师是学校舞蹈团的指导老师，舞姿曼妙，指导有方，一首《少年中国说》在她的编排下一气呵成。

因为吟诵是在户外的广场，放学后，我们又来到了校园的广场。道具，走位……夕阳映照着西天，晚霞轻轻柔柔的。傍晚的校园，因为有了我们而依旧生机勃勃。

4月28日早晨，孩子们整装待发，杨朔爸爸、姜宗煜妈妈、李兆朔妈妈、刘益硕妈妈、刘依辰妈妈一起参与了活动，谭老师和赵老师也随队同行。在临走之前，王道鹏校长就一些注意事项进行了强调，并鼓励孩子们"从小学党史，听党话，长大报效祖国"。

大巴车载着46个孩子和我们三位老师，杨朔爸爸和李兆朔妈妈各开一辆车，载着录像师傅和几位家长驶向田庄刘家庄。路上，孩子们有的悠闲地看着窗外的风景，有的随身带着阅读书目，利用点滴时间读书，有的和同座的伙伴不知在交流着什么，捂着嘴"咻咻"地笑着……40多分钟后，我们就顺利到达了目的地。

晨风清凉地拂着孩子们的脸庞，文化园外面的蔷薇花开得正艳。孩子们迈着整齐的步伐，安静地向文化园走去。

刘谦初红色文化园以刘谦初故居为依托，在故居右侧建造了广场和事迹陈列馆，是去年平度市打造的重要爱国主义教育基地。去年我们来活动时，文化园还没有完全布置好。今年再次进入，壮观肃穆的感觉油然而生。园内有几个记者已经先我们到达。我们在门口站好队，就立即行动起来。

在故居的门外，六个孩子围着姜宗煜，开始讲述"刘谦初求学的故事"。故居的青砖白墙，孩子们红白相间的校服，胸前飘扬的红领巾；讲故事的孩子声情并茂，听故事的孩子目不转睛。孩子们的故事引来了其他的记者，他们也纷纷加入到拍摄的行列中。革命英雄们虽然牺牲了，但他们的革命精神依旧不倒，这种精神就这样，由孩子们讲述，由孩子们传承。

第二个拍摄场景是在广场的石碑前。石碑左侧是刘谦初英俊坚毅的半身像，右侧则是他的一些革命事迹图像。孩子们按照在学校的排练，迅速站好队。家长们把小国旗逐一发给了孩子们，然后撤离。

录像机架了起来，航拍机也飞了起来，园内陆续有参观学习的人群进入，都静静地走，静静地看。孩子们的神情也和在学校排练时不一样了，变得庄严肃静。"少年强则国强，少年智则国智……"铿锵有力的吟诵响彻云霄，他们，正在表达着少年儿童对实现中华民族伟大复兴梦而努力的决心。

拍摄结束后，我们又进入"事迹陈列馆"，感受刘谦初的革命精神。我把他在牺牲前写给夫人张文秋同志的家书读给孩子们听，并告诉孩子们，家书里的"母亲"说的是"中国共产党"，这封家书是他在向党、向国家表达他的爱国之情。在"演播大厅"里，孩子们鸦雀无声地观看了《刘谦初》的影像资料，更加深入了解了他的革命事迹。

两次进入"刘谦初红色文化园"。第一次是对刘谦初精神的初步了解，第二次是对他革命精神的领悟以及提升。2021年7月，青岛市评选"先锋中队"。我们班级以"谦初中队"命名，用我们的真实鲜活的实例申报成功。"谦初中队"不仅仅是一个名字，更多的是一种传承。

我们的多彩班队活动

图片为四一谦初中队获得"红领巾奖章"三星章

走进大泽山抗日战争纪念馆

平度是革命老区，大泽山抗日根据地在平度抗日战争中更具有极其重要的地位。许世友、林浩、聂凤智、迟浩田等数十名抗日名将均在大泽山战斗过。大泽山民兵智勇双全，他们利用大泽山遍地的山石，就地取材，发明了石雷，广泛开展地雷战，和日伪军多次进行了激烈的战争，打得日伪军闻风丧胆。因此，大泽山被誉为"石雷之乡"。电影《地雷战》中高家庄的原型，就是大泽山下的高家村。

2020年10月12日下午，"追寻家乡的红色记忆"第三小分队在我和杨朔父母、李兆朔妈妈、曹硕妈妈的带领下，驱车来到了平度北端的大泽山抗日战争纪念馆。

一下车，呼吸着山中特有的新鲜的空气，孩子们嬉笑着撒开了腿。我赶紧把他们召集回来，告诉他们一些注意事项，就和孩子们一起拾级而上。

仰头便看见耸立的抗日英雄纪念碑，白色碑身上部有颗大大的红五角星，给人一种庄严肃穆的感觉。曹硕一会儿转到了旁边，又跑回来指着一个石像问我："段老师，那个石像是谁？"

我仔细端详着，石像的头上包着一根头巾，一手抱着一个石雷，一手持着一挺机枪，后背还背着一把大刀。石像下雕刻着"铜墙铁壁"四个字。石像没有穿制服，从装束上看这是一个民兵。

我把我观察到的讲给孩子们听，孩子们又问："老师，民兵是干什么的？"

孩子们对于战争的一些知识了解得的确很匮乏，我耐心地用他们能理解的话讲给他们听："民兵，就是既是农民，又是士兵。平时在田地里干活，敌人来侵犯的时候，拿起武器就是士兵。"孩子们对于我的讲解点头表示明白。

进入大门，院子里的青松古柏映衬得纪念馆愈加庄严肃穆。纪念馆的馆舍建筑结构为地下一层、地上三层，代表着过去、现在和未来三层含义，昭示着英雄的平度人民从黑暗走向光明的艰辛历程。

我和孩子们静静地沿着楼梯进入到地下一层。映入眼帘的就是一座金灿灿的抗日军民浮雕，分别反映着抗日战争时期人们激昂的抗日情怀，象征着"把我们的血肉筑成我们新的长城"。浮雕仿佛一下子就把我们带入了那个全中国军民万众一心抵御日本侵略的年代。

孩子们对于馆内的石雷最感兴趣。一块块沉重的石头，中间凿出一个小洞，放上炸药，就是令敌人闻风丧胆的石雷，大泽山的人民真聪明！馆内一角，一处矮墙内，几个如真人般的蜡像围坐在一起，正在制作石雷。墙外，一辆手推车，一堆已制作好的石雷，圆的，方的……我和孩子们说："要想多了解石雷，可以回家看看电影《地雷战》，电影里的情节就有我们平度地雷战真实的故事。"孩子们眼睛瞪得大大的，眼神里满是惊奇，也满是了解地雷战的欲望。

展厅内还陈列着民兵们使用过的布包、鞋、袜子、枪支、担架等，衣服是那么的破旧，武器和电视电影中的先进武器也不一样，孩子们才意识到我们现在平平安安地过着幸福生活，都是由抗日战士们用血肉之躯、用一个个鲜活的生命换来的！他们不由自主地感叹："那时候，我们的部队好艰苦啊！""我们平度的战士真厉害！""我们要珍惜现在的幸福生活！"

· 165 ·

我们的多彩班队活动

站在纪念馆门前，张姿彤同学发出了这样的感悟：

大家好，我是张姿彤。今天，我们参观了大泽山抗日战争纪念馆。

在参观中，我了解到，大泽山，英雄的山，是抗日战争、解放战争时期胶东军区的重要根据地。抗日战争时期，胶东军区西海军分区、南海军分区、胶东区党委及抗大支校都设在大泽山区，八路军山东纵队第5旅也诞生在大泽山区，数十位高级将领都在这里战斗过。抗战中，数万平度儿女奔赴战场，杀敌报国，展开游击战、地雷战、麻雀战，打得敌人闻风丧胆。大泽山区民兵发明的石雷，在抗战中发挥了巨大作用，被誉为"石雷之乡"，仅高家民兵联防就涌现出"爆炸大王"等英雄人物46名。"高平路上五虎将"为保卫大泽山抗日根据地创建了英雄业绩，立下了不朽功勋。

通过参观，我们仿佛回到了那个浴血奋战的年代，英雄先烈们与敌人斗智斗勇，保卫家园的壮举让我们深受鼓舞。今年是我们伟大的中国共产党100岁华诞，我们打卡红色地标，在红色走读中铭记历史，缅怀先烈。作为新时代的少先队员，我们一定传承红色革命精神，牢记习近平爷爷嘱托：刻苦学习，奋发图强。

参观结束后，姜宗煜还把自己的参观感受写成了文章《革命精神切莫忘 幸福生活当珍惜》，登上了"学习强国"的平台，获得了省一等奖。

图片为姜宗煜同学参观大泽山抗日战争纪念馆

2020年10月12日

走进中共平度"一大"旧址

2021年清明节，"追寻家乡的红色记忆"小分队继续探访，小分队来到了位于平度东端的旧店东石桥村的中共平度"一大"旧址。1939年8月，中共平度县第一次党的代表大会在这里召开，选举产生了首届平度党组织——中国共产党平度县委员会。中共平度"一大"会址是平度共产党的"摇篮"，成为平度县共产党诞生和发展的重要见证，是青少年"学党史感党恩"的重要教育基地。

这次活动，我邀请了数学老师谭老师和英语老师赵老师，同行的还有姜宗煜父母，任桐汝妈妈，荣忠智妈妈，刘依辰妈妈和王怡鑫家长。我的一位老家长，旧店镇的一位民营企业家帮我联系了场馆，姜宗煜妈妈也联系了她的同事来给我们讲解。

沿着村头的一条小河，就走到了旧址。门前横立着一块巨石，石头上迟浩田同志题写的"中共平度一大会址"几个大字苍劲有力。贾风清爷爷已经在门口等候我们了，看到我们，他便热情地招呼我们进入屋内。

5间老屋，屋内摆设却不多，一个大土炕，一张小桌子，简简单单。贾爷爷说："这处房子原是地主家的仓库，土改后分给我的父亲，中共平度第一次代表大会就是在这个屋子里召开的……一定要好好学习，在家听爸爸妈妈的话，在学校听老师的话，长大为国家做贡献！"

孩子们认真地听着，或许已过去的战争对于他们来说已经很遥远。但当他们从贾爷爷口中听到爷爷的父亲就是当时的见证人之一的时候，年代感会稍微地拉近一些。

孩子们去看他们感兴趣的地雷、手枪去了。我注意到了房子后墙正中间

我们的多彩班队活动

的窗户。窗户是木头的，细端详就会发现是上下两层。而上面一层似乎只连着最上面一端，用一个木棍支着，下面则是一个整体。我小的时候，奶奶家的房子也是这么一种特点的房子，窗户也是木质的，只不过是一个整体，都是一棱一棱的格子，再用白纸糊着。

见我打量这个窗户，贾爷爷告诉我："这个窗户是为了防备敌人来抓开会的共产党而设计的。"他一边说，一边用木棍向外推去，果然，窗户上面一层向外打开了。贾爷爷接着说："如果被人发现，共产党就可以从窗户跳出去。"我恍然大悟。在一些战斗片中，曾见过这种镜头，原来，在我们的家乡，电影或电视中出现的情节也都真实发生着。

参观完旧址，我们又来到了和旧址相邻的"平度一大旧址文化园"，石桥村的村委主任给我们进行了讲解。文化园很大，一进大门，左侧的摄影照片就吸引了我们。这些照片有的是旧店的美丽风景，有的是庄稼人喜获丰收的照片，有的反映村民的幸福生活……

孩子们感兴趣的是正对大门西侧的用鹅卵石铺的旧店地图。他们兴致勃勃地询问伯伯他们是从哪条路来的，再像发现新大陆似的找到东石桥村。

文化园内有很多场馆，"平度一大"纪念展馆、平度党史陈列馆、"红山枣"主题展厅、旧店城镇规划馆等，最让我们震撼的是旧店人民的革命史。

在抗日战争时期，无数的旧店人民投身革命战争中，抛头颅，洒热血，涌现了许多革命英雄。展厅内模拟了"中共平度一大"开会的场景：几位共产党员围坐在一张长方形的桌子旁，有的激昂陈词，有的托腮沉思，有的细细聆听，有的侧头赞同……我站在一位党员后面想：这些平度的革命先驱，怀着一颗救国救民之心，肩负使命，在这么简陋危险的地方出谋划策，这是多大的勇气和睿智！现在我们的国家已经很强大，虽然我不是党员，但我会以一名优秀班主任的标准要求自己，努力创设各种条件，积极争取更多的教育资源，为孩子们的健康成长保驾护航。

文化园中的"五彩旧店"展示的是新时期的旧店成就。"五彩"让我们引起了兴趣，"这个地方有五个颜色？"有的孩子疑惑地问。

"五彩说的是'金色的资源、红色的传统、绿色的生态、蓝色的经济、橙色的生活'。"主任伯伯赶紧给我们答疑。

随着他的讲解，我们才明白，原来，旧店曾被誉为"黄金生产第一镇"，所以是"金色资源"；"红色传统"是指镇内红色文化底蕴深厚，有中共平度一大会址、罗头第一个党支部、抗大分校等红色革命教育基地；旧店镇是一个山区小镇，拥有天然氧吧，是平度市的"绿肺"，还盛产各种水果，所以称为"绿色生态"；旧店新建了通用航空基地，有了"蓝色经济"；"橙色生活"就是指群众多姿多彩的生活。

整个文化园内容丰富，记载了旧店人民从苦难到幸福的历程。回程的途中，孩子们还在津津乐道，无不为旧店的发展感叹。姜宗煜同学参观后写了一篇日记，他是这样记述的：

清明节有很多习俗，比如：扫墓、踏青……今天是清明节，段老师带领我们到平度一大会址参观学习。

平度一大会址位于旧店镇东石桥村。到了一大会址后，大家争先恐后地排好队。段老师带我们首先来到一个破旧的房子，我发现房子的房顶是用稻草做的，我想：房子会不会倒下呢？我们走进房子，段老师请了一位爷爷给我们讲解，爷爷告诉我们，以前日本侵略我们中国，我们很多中国人都被日本侵略者杀害了。后来我们有了共产党，带领人民抗击日本侵略者。这个破旧的屋子就是当时平度共产党员第一次开会的地方。给我们讲解的爷爷告诉我们，他从1987年开始就保护着这个有纪念意义的屋子到现在。

听了爷爷的讲解，我认真地参观着这个屋子，屋子里还陈列了很多我叫不上名字的农具。虽然房子破旧，但是我现在觉得它很伟大。

段老师又带领我们来到了"一大"文化园，我们发现地面上有很多奇怪的花纹。一个伯伯对我们说，这其实就是整个旧店镇，伯伯指着一块石头，说："那就是大田。"我们来到屋内，我一下被眼前的景象惊呆了，屋内摆放了许多图片、老式武器、旧物品、以前的报纸。伯伯给我们讲了许多知识和一些名人故事，比如：程绍金、程光宝、程绍美、姜寿千、罗竹风、王占平……

我们的多彩班队活动

其中，和日本战斗时，我们的先烈抛头颅洒热血，特别是旧店镇伤亡很大，大约有290名战士牺牲在了日军的刀枪下。我们参观完后，爷爷对我们说了一句让我印象很深的话："大家要听家长的话，听老师的话，一定要好好学习！"

图片为2021年清明节参观平度"一大"旧址时拍摄

走进中共平度第一个党支部旧址

姜宗煜妈妈的单位组织了"学党史"的研学活动，随后，给我建议：应该带着孩子们走进"中共平度第一个党支部旧址"去看一看，那儿才是平度革命史的源头。她的推荐引起了我的注意，我从网上查询了很多资料：旧址位于旧店镇罗头村，始建于明末清初，原为清代程氏祠堂等等。

"说曹操，曹操就到。"正想着带领孩子们去罗头村"追寻家乡的红色记忆"，在朋友圈就看到了《革命传承团结罗头》的视频。视频中，罗头村的党支部书记程平同志正在讲解罗头村的历史，而我惊喜地发现，视频中的程书记竟然是我2002级的学生家长。我马上联系了程书记，表达了我的愿望，程书记欣然允诺。

苏霍姆林斯基说："儿童的时间应当安排满种种吸引人的活动，做到既能发展他的思维，丰富他的知识和能力，同时又不损害童年时代的兴趣。"斟酌再三，我决定把活动定在六一前夕，给孩子们一个不一样的六一体验。

5月30日上午，又是一个周末，我们于学校门口集合后，一行人16辆车60多人，浩浩荡荡驶向"中共平度第一个党支部旧址"——平度旧店镇罗头村。

罗头村位于平度的东北端山区地带。从高速到水泥路，一路上，初夏的植物郁郁葱葱。下了高速，进入乡路，也是平坦的水泥路。路旁，红珍珠般的樱桃挂在枝头，一颗颗，一簇簇，仿佛缀满农家人的笑脸。转眼进入一个村庄，房屋整整齐齐，街道干干净净，家家户户的外墙上都画着各种红色宣传标语，我猜测道："这应该就是罗头村了。"果然不出我所料，车子开到村南，在一片姹紫嫣红的月季花园旁边，那座明清时期的建筑就矗立在眼前，房子是用大小不一的石头垒砌而成的，门为木门，厚重而有沧桑感。

顾不上细细端详这座富有年代感的建筑，我看到了程书记，他已经在等候我们，他对我们的到来表示热烈的欢迎。寒暄几句后，我们的活动开始了。

孩子们和家长们已经在旧址前站好队，鲜艳的中队旗迎风飘扬，孩子们意气风发的身姿，更显得旧址的庄重、肃穆。

我先和孩子们讲了此次活动的目的以及纪律要求，学校的大队辅导员张平主任致活动词，鼓励我们从小学党史，在"追寻家乡的红色记忆"活动中感党恩，将来报效祖国。

今年是中国共产党百年华诞，李兆朔妈妈为每个孩子准备了一个"建党100周年标识"。在今天这个特别的活动中，我特意安排了一个环节，就是在这么神圣的"第一个党支部"的旧址前，让爸爸妈妈为孩子佩戴标识，激发孩子们对党史学习的热情。

这个环节果然很温馨，又在温馨中充满仪式感。当爸爸或妈妈小心地给自己的孩子佩戴上标识，面对镜头粲然一笑的时候，1921年建党这个知识已经牢牢地印在了孩子们的心中。我把这个标识还送给了罗头村的程书记，他自己

我们的多彩班队活动

庄重地佩戴在了左胸。

学校有大队校外辅导员，我们中队也需要有中队校外辅导员。当我在视频中，看到程书记口若悬河地讲述"中共平度第一个党支部"的故事时，我心中就有了第一个中队校外辅导员的人选，那就是程书记。还有一位人选就是孙建业老师，他带领平度的志愿者奔赴祖国的东西南北搜集平度革命英雄的故事，是响当当的平度"党史通"。可由于"七一"来临，平度的很多党史馆需要整体规划，孙老师无暇来参与我们的活动，以后有机会一定邀请他。

我让我们班的家委会主任杨朔的爸爸杨典杰同志为程书记颁发我已经准备好的聘书，聘书红彤彤的，印着我们学校的印章，表达我们中队所有少先队员的真诚。

随后，李兆朔代表队员们为程书记佩戴红领巾。为了能给伯伯系好红领巾，李兆朔昨天在家练了好长时间。程伯伯为了能让孩子佩戴方便，弯着腰，一动不动地保持着一个姿势。一老一少，同样鲜红的旗帜在胸前飘扬，是那么的和谐，那么的具有传承意义。

佩戴着党徽、"建党100周年"标识和红领巾的程书记，不，是程辅导员，就这样走马上任了。他带着孩子们走向大门，从大门上方的牌匾以及门两侧的对联开始讲起。

旧址共三进房子，分别是党史展览馆和程氏祠堂。程辅导员如数家珍，结合党史故事向少先队员渗透"立志""感恩""廉洁"，鼓励孩子们"听老师的话，听父母的话，好好学习，回报祖国和家乡"。

活动结束时，已经11点多了。一上午的活动，让孩子们和家长们收获颇丰，尤其对我们的程辅导员更是佩服不已。

参加活动的孩子们用日记记录了活动，写出了自己的感悟。

李兆朔是这样写的：

今天，我们三一中队走进中共平度第一个党支部——旧店罗头村，学党史，感党恩，追寻家乡的红色记忆。

罗头村党支部书记程平伯伯是我们三一中队的校外辅导员，他带领我们参观中共平度第一个党支部旧址，给我们耐心地讲解。

通过程伯伯的讲解，我知道了革命战争时期罗头村被誉为"胶东半岛西部红色堡垒"，在极其艰险困苦的环境里，罗头人民在共产党的领导下，前赴后继，不怕流血牺牲的动人事迹。

程伯伯还为我们讲解了《劝贪图》。图上画了两条十分凶猛的动物，那动物长得很奇怪，有点像麒麟，又有点像狮子，程伯伯说，那动物的名字叫"贪"。很久以前，东海海面上有很多财宝，这两只贪很贪财，就各自占了一半的财宝。一天，它们看见了天上的太阳，以为太阳也是它们的，一只贪说："太阳是我的！"另一只贪说："这太阳是我的！"这幅图告诉我们：不要贪财。

程伯伯讲解过程中，我印象最深的是，程伯伯再三嘱咐我们：少年强，则国强；从小要有一个理想；学习别人的长处，补自己的短处；革命先辈不怕流血牺牲，就是为了让人民过上好日子；要有一颗感恩的心，为社会做贡献。

经过这次活动，我明白了我们应该珍惜现在的美好生活，好好学习，将来为祖国做贡献。

张家泽是这样写的：

今天，段老师带领我们来到了旧店镇的罗头村。这里是中共平度第一个党支部成立的地方。段老师还给我们请了这里的程伯伯给我们讲党史。

走进纪念馆，听着程伯伯生动的讲解，看着一件件先烈的遗物，望着墙上一张张战斗图片，诠释了革命先烈，共产党人的巨大牺牲。其中我印象最深刻的就是程德兴牺牲的故事。

一天，大家在村里扭秧歌，这时敌军冲了过来，程德兴和程广宝让其他人快跑，他俩去吸引他们，程德兴和程广宝一共翻过了七座墙，他们俩爬累了，就藏到了一个草堆里，敌军找不到了，就挨个搜草堆，就快要搜到他们的草堆时，程德兴让程广宝藏好，自己舍身冲了出去，就这样，程德兴保住了程广宝，自己英勇牺牲了。

程伯伯还给我们讲了许多这样的故事。通过这些故事，我知道了我们的幸福生活来之不易，我们要好好学习。"少年强，则国强。"

方艺昕也写出了自己的感悟：

难忘的一天

今天，段老师带领我们来到了旧店镇罗头村参观平度第一个党支部旧址。

首先，我们的大队辅导员张平老师致辞，她要求我们在这次活动中能收获知识、收获信仰、收获动力。然后，家长们为我们佩戴"纪念中国共产党成立一百周年"的徽章，最精彩的部分就是程伯伯带领我们参观旧址了。

他向我们介绍了罗头村的悠久历史，还有一些英雄故事。其中，让我印象最深的是一位姓程的共产党员，他被日本鬼子放出来的狼狗们活生生地咬死了，我都不敢想象那个恐怖的画面，日本鬼子真是太残忍了。我们一定要努力学习，把我们的国家建设得更加强大，那样就没有人敢欺负我们了。

程伯伯还教育我们从小立志，不忘初心，要有远大的理想，将来做一个对国家有用的人；还教我们不贪心，别人的东西再好也不属于自己；要说到做到，遵守诺言，做一个诚实守信的人。

最后，我们怀着崇敬之情，再一次吟诵了《少年中国说》，唱响了《中国少年先锋队队歌》，在我们嘹亮的歌声中结束了这难忘的一天。

图片为2021年5月30日参观"平度第一个党支部"旧址时拍摄

走进五虎将抗日纪念馆

"万山丛中，抗日英雄真不少。青纱帐里，游击健儿逞英豪……"《保卫黄河》这首歌唱出了中华民族抗击日寇的决心，展现了中国共产党领导的游击队抗击日本侵略者的英雄事迹。

在我们平度的红色热土中，也有"青纱帐"里的游击健儿，那就是平度市蓼兰五虎将。

六一节，平度市委宣传部为让少先队员们深入了解家乡的红色历史文化，重温峥嵘岁月，传承红色基因，开展了"心向党梦飞扬"打卡红色地标活动。依据平度红色资源，遴选10处作为红色地标，推介给全市少年儿童。

7月28日上午，在姜宗煜妈妈的多方联系和沟通下，我们的红色研学小分队乘上了红色专列，打卡平度市蓼兰镇五虎将抗日纪念馆。

红色专列干净温馨，车厢内张贴着"五虎将"的照片和简要介绍，我引导孩子们就近学习。讲解员阿姨待大家坐稳上路后，简单地讲了红色地标打卡活动以及"平度市蓼兰镇五虎将纪念馆"的事迹。这更加激发了孩子们学习的热情。

纪念馆位于蓼兰镇堡前纪村，正在公路旁。纪念馆是新建仿古式的，展馆北侧为纪长城故居。"五虎将纪念馆"的工作人员已经在路旁等候我们。

工作人员带我们先向纪念馆走去。纪念馆外，大槐树下，五位英雄的雕像凛然伟岸。他们有的手提步枪，有的紧握大刀，有的攥着手榴弹，他们都目光刚毅，望着远方。他们，在守望着他们的家园，在遥望着他们期待的美好的生活。

进入"五虎将抗日纪念馆"，沉重的警钟响起，我们面对铜钟立正站好，肃穆缅怀革命先烈。

我们的多彩班队活动

　　在展厅内，通过讲解员阿姨的讲解和影像资料的播放，我们了解到了抗日战争时期，于海亭、范守君、刘鸿雁、陈孟堂、纪长城等大批抗日英模人物的可歌可泣的英雄事迹，他们埋地雷、截汽车、打埋伏、炸碉堡、杀日伪，与日本侵略者展开了地雷战、游击战、麻雀战，打得敌人闻风丧胆，为抗战胜利作出了重要贡献。1944年7月，胶东军区授予他们五人"民兵战斗模范"光荣称号，誉为"高平路上五虎将"。

　　"五虎将"的抗日事迹深深地感染了我们。在内容翔实的副看板中，一张简谱引起了我的兴趣。我问工作人员："有这首歌吗？"工作人员摇摇头，遗憾地说："只有几位老人会唱，今天都不在场。"我试着识谱，哼唱了一下，竟还能成调，就一句一句地带着孩子们唱起来。"高平路，长又长，公路两旁好地方，高粱谷子遍地长，到处是杀敌的好战场……"这首歌谣是在抗战期间被高平路民兵广泛传唱的红歌小调，由孩子们唱出，别有一番感觉，这应该是对革命精神的一种传承吧。

　　在自由参观时，李兆朔就兴致勃勃地把纪长城的故事讲给我听，其他孩子也纷纷把自己感兴趣的故事讲给大家听。

　　随后，我们一起来到了纪长城故居。这是一所老房子，青砖白瓦。屋内陈设的都是解放初期，贫困百姓的生活用具和游击队员们的简陋武器。就是依靠这些简朴的工具，游击队员们和日寇展开了殊死的斗争。

　　参观结束后，少先队员们自发地组织起来，铿锵有力地吟诵起《少年中国说》，以此来致敬英雄和先烈们。少年智则国智，少年强则国强。

　　站在"五虎将"雕塑前，姜宗煜分享了他的研学感悟：

　　大家好，我是本次红色打卡研学队的体悟队员姜宗煜。今天，我们参观了五虎将抗日纪念馆。在参观中，我了解到，"五虎将"指的是于海亭、陈孟堂、范守君、纪长城、刘鸿雁五位民兵英雄。

　　在抗日战争期间，他们带领群众在高平路上埋地雷、打伏击、炸汽车、杀日伪，让敌人闻风丧胆，再也不敢轻易来高平路两侧作乱，保护了我们的地下党组织和人民群众。

解放战争时期，他们又带领人民群众打击反动派和还乡团，好几次都打得敌人狼狈逃回，而我们的民兵无一伤亡，所以"高平路上五虎将"的英名广为流传。

通过参观，我们仿佛回到了那个浴血奋战的年代，英雄先烈们与敌人斗智斗勇，保卫家园的壮举让我们深受鼓舞。今年是我们伟大的中国共产党100岁华诞，我们打卡红色地标，在红色走读中铭记历史，缅怀先烈。作为新时代的少先队员，我们一定传承红色革命精神，牢记习近平爷爷嘱托。刻苦学习，奋发图强，请党放心，强国有我。

活动结束后，少先队员们手捧红色护照，排着整齐的队伍，请工作人员打卡。捧着红彤彤的护照，我们收获的不仅仅是一枚印章，更多的是一种传承，一种信念。

春风化雨育苗圃，星星火炬代代传。"请党放心，强国有我！"这不是一句口号。打卡红色地标，传承红色基因，树立成长坐标。沐浴着党的阳光雨露，我们听党话、感党恩、跟党走，时刻准备着，为共产主义事业而奋斗！

图片为2021年7月28日参观平度蓼兰镇五虎将纪念馆时拍摄

我们的多彩班队活动

走进杨明斋事迹陈列馆

在平度的红色资源中，有两位大人物，一位是家喻户晓的刘谦初，而另一位，则是中国共产党创立时期著名的革命活动家，他就是杨明斋，平度市明村镇马戈庄村人。

8月24日，在姜宗煜妈妈的联系下，我们"学党史感党恩"小分队走进了杨明斋事迹陈列馆。今天，和我们同行的还有女儿李奕然和另外四位大学生，他们大学生也积极参与"学党史感党恩"活动，用自己的实际行动来了解家乡，宣传家乡。

家长们的车队沿潍莱高速一路向西，安全有序地进入了马戈庄村，事迹陈列馆位于大街北侧。正对大门，是杨明斋伟岸的雕像，他正昂首阔步，迈向美好的未来。雕像背后，"中国共产党万岁"几个红字格外醒目。

姜宗煜妈妈联系的讲解员已经在等着我们，这是一位和蔼朴实的小伙子。

我们一起进入展厅，陈列馆以"命运多舛闯俄谋生""加入俄共投身革命""受命回国推动建党""转入中共献身伟业""长者风范精神永存"5个主题，按照时间顺轴线，通过声光电等多种形式，展示了杨明斋矢志革命、波澜壮阔的一生。

讲解员用接近孩子们的语言讲解了杨明斋的事迹，间或几个小问题更是吸引了孩子们参与的兴趣。通过讲解，孩子们了解了他被周总理誉为"忠厚长者"。他辗转到海参崴做工谋生，加入布尔什维克党。后来，回到国内，和陈独秀、李汉俊、李达等在上海成立了"共产党上海发起组"（即上海共产主义小组）。1938年在苏联以被捏造的罪名逮捕，并于同年5月牺牲，时年56岁。1989年1月，苏共中央予以彻底平反，恢复名誉。

杨明斋的事迹距离我们的年代有点儿远，孩子们在参观中还学到了早期中国共产党的一些知识，了解了李大钊、陈独秀等中国共产党早期领导人。从他们的身上，感受到了他们为了人类的幸福，为了全中国的解放做出的牺牲，我们应该向他们致敬。

　　站在杨明斋雕像前，杨朔带领孩子们一起发出呼吁：

　　大家好，我是本次红色打卡研学小分队的杨朔。今天，我们打卡"杨明斋故居"。杨明斋是我们平度市明村镇马戈庄人，他从小聪明好学，是中国革命早期的活动家。曾与李大钊、陈独秀、张国焘等一起工作过。为党的早期事业做出重大的贡献。周总理亲切地赞誉他是我党受人尊敬的"忠厚长者"。

　　通过参观他的故居，让我们更加深刻认识了这位革命家，也让我更加坚定了一个信念：一定好好学习，听党话，跟党走，做一个新时代的好少年！让我们一起宣誓：请党放心，强国有我！

图片为2021年8月24日参观杨明斋事迹陈列馆时拍摄

2021年8月24日

我们的多彩班队活动

走进平度市党史馆

2014年8月31日，全国人大常委会决定，以法律形式将9月30日设立为中国烈士纪念日。今天，是第八个烈士纪念日。为让少先队员们永远牢记幸福时光的来之不易，充分体现"国庆勿忘祭先烈"的情怀，增强少年儿童的爱国主义精神，9月30日上午，我们来到平度党史馆参观学习，继续追寻家乡的红色记忆，传承革命精神。

平度经济开发区小学王道鹏校长和我们一起进行了参观，谭欣玲老师和赵海青老师、家长代表杨朔爸爸和吕梓宸妈妈也一起参加了活动。

秋风送爽，繁花锦簇，一抹抹中国红在绿树之间愈发鲜艳。少先队员们在老师和家长的带领下，从学校出发，沿泉州路北行，穿过植物园，历经40多分钟，步行到达平度党史馆。队员们精神抖擞，轻快的步伐行走在这小小的"长征路"上，体验革命先烈的艰苦奋斗精神，用实际行动向党表达自己勇担新使命的决心。

平度党史馆，是今年规划新建的一处综合性党性教育基地。讲解员姐姐热情地邀请我们进入党史陈列馆，从"山河破碎""黎明时光""开天辟地""激流勇进""浴血奋战""铜墙铁壁""人间正道""换了人间""战天斗地""解放思想、开拓创新走向富民强市的平度""砥砺前行"等十一个主题，为我们讲述平度人民的艰苦奋斗史。

刘谦初、杨明斋、"平度第一个党支部"、"平度一大"、"大泽山革命战争"、"蓼兰五虎将"、"三合山战役"……这些我们曾经寻访过的平度好儿女，积极投身中国革命，为了新中国，英勇牺牲；那些我们曾经追寻的红色革命旧址，见证了平度革命历程的艰辛。

一张张老照片，一幅幅新蓝图，一处处老故居，一片片新天地……勤劳而善良的平度人民，用坚强和不屈谱写着一曲盛世华章。

爱家乡、知家乡，知史爱党、知史爱国，战争的年代造就了烈士们的勇敢和无畏，在和平年代，我们同样可以为国、为家乡增光。我们有信心，因为我们有榜样！

图片为2021年9月30日参观平度党史馆时拍摄

2021年9月30日

我们的多彩班队活动

特殊的班队活动——用爱践行，
同心战"疫"

要说这几年的我们的故事，那就绕不开2020年春节的疫情。2020年春节，一场突如其来的疫情给全国按下了暂停键，病毒肆虐，让华夏大地在这个美丽的开端蒙上了一层阴翳；2020年新学期，暂停了开学步伐的师生们，开启了一段"停课不停学、居家学习"的新征程。

陶行知先生说过："生活即教育，社会即学校。"这次疫情，既是对学生身心上的一次冲击与震撼，更是一次难得的学习和教育契机。在这特殊时期，我用爱践行，和家长、孩子们一起同心战"疫"。

一、真心的爱，高效地引领

"停课不停学"，五个简单的字，对于我来说，工作量可不小。

作为两个班的班主任兼语文老师，我让兴趣和任务驱动成为孩子自主自愿的开始。我根据本班孩子实际及时调整任务，明确学习重难点。为了能够让每个孩子都能集中注意力进行视频学习，我还在群中随时提问，一对一地精准指导，一个一个给予点评、建议、示范，给他们属于个性化的鼓励和建议。我为了鼓励孩子们学习的积极性，每天招募"小老师"协助我检查作业、记录作业情况，班级形成一片积极向上的学习气氛。我制作了大量的知识胶囊，用生动的动画指导孩子书写、朗读；用清晰的讲解引领孩子把握知识，帮助他们在书本之外提升语言能力、开阔视野。除此之外，我还坚持每日在班级群中小结，鼓励孩子。孩子们动力满满，不因特殊的学习方式掉队。

二、贴心的爱，特殊的关怀

我担任班主任的一班和二班有一对双胞胎男孩。憨厚的老大在二班，聪明的老二在一班。去年秋天，孩子的父母就因为工作原因不在家，俩孩子跟着已80多岁的姥姥姥爷生活。去年一学期，我给予他俩以特殊的关心：安排坐校车、中午在学校午餐、下午放学后辅导孩子学习、心理辅导……

放寒假了，父母依然未归，俩孩子脾气变得越发骄纵。每每给孩子姥爷打电话，都会听到姥爷的叹气和姥姥的哭泣。"停课不停学"，我又主动把他俩的学习辅导揽了过来。

我细致地利用视频电话，教孩子姥爷使用微信学习；给他俩买了阅读书籍和基本练习题，送到小区门口；每天微信提醒他俩体育锻炼、帮老人做家务，几乎每天的叮咛、鼓励、提醒；不管是语文学习，还是数学学习，我都亲自给他俩单独批阅。

前几天，连续两次，老二都没有发作业。老大语音告诉我："段老师，弟弟生病了，今天的作业不写了。"第一次我没在意，第二次就怀疑了："平时老大经常感冒，老二几乎不生病，为什么会这样呢？"

我赶紧点开视频通话，看到笑眯眯的老大身后藏着的老二，我马上就明白了，我没有指责，只是轻轻地说："你感冒好了吧？今晚好好睡一觉，明天认真学习哦。"摸摸屏幕那边的两个小脸蛋，隔空击掌做个约定。

第二天，俩孩子的作业都顺利完成，老二前几天的作业也发了过来。

因为爱，孩子们在班级群听到我的声音时，情不自禁地纷纷语音"段老师，我想你了"。因为爱，家长们看到我半夜还在批作业时，发出一句句"段老师辛苦了！"在这个特殊时期，我用我的爱心，温润着每一个孩子，和他们一起温暖同行。

我们的多彩班队活动

附 录

追寻家乡的红色记忆

—— "纪念中国人民抗日战争暨世界反法西斯胜利75周年"
主题班会

一、设计背景

一寸山河一寸血,拼将热血筑长城。十四年抗击日寇,中国人民付出巨大民族牺牲,最终打败了侵略者,并为世界反法西斯战争的彻底胜利作出了不可磨灭的历史贡献。75年前,中华民族与全世界爱好和平的人民一起赢得胜利,洗去百年屈辱,第一次以胜利者的姿态,昂首站立在世界的东方,不仅参与了战后世界秩序的安排,更承担起维护人类和平与安全的更大责任。胜利来之不易,和平尤须珍惜。铭记历史、缅怀先烈、珍爱和平、开创未来,不仅是要纪念中华儿女做出的巨大民族牺牲和重要历史贡献,更是要彰显中国人民坚定不移走和平发展道路。

三年级的孩子对于抗日战争只停留在个别电视、电影的场面,他们不能从心里认识到如今安定生活的来之不易。而如果单纯只依靠老师的讲解不能深入人心。笔者所在的平度地区拥有几处著名的红色纪念馆,依托家乡的红色记忆,追寻家乡的红色足迹,传承红色精神。在参观中体验,在体验中感悟,在感悟中提升自己。

二、教育目标

(1)通过参观交流活动,初步了解抗日战争,感受抗日英雄的精神。

(2)通过小组交流、分享,懂得幸福生活来之不易。

（3）明白我们现在的责任是从身边做起，从小事做起，传承红色精神。

三、班队会准备

（1）各分队利用周末时间走访身边的英雄、走进红色革命纪念馆，并做好记录。

（2）制作走访花絮视频。

（3）写参观体会，搜集抗日英雄的故事。

四、班会过程

（一）情境导入，引出主题

1.（播放视频：9月3日的新闻联播片断）孩子们，欢迎来到今天的班队会时光。我们先来欣赏一段视频。设问：你会获得什么信息？

师问：看了视频，你发现了什么信息？

学生交流。

（1）2020年9月3日是中国人民抗日战争暨世界反法西斯战争胜利75周年纪念日。

（2）出席座谈会的有很多老英雄。

……

2. 简介抗日战争胜利纪念日

我节选的是新闻联播中的一段视频，那一天是9月3日。你们知道，为什么9月3日是抗日战争胜利纪念日吗？

学生交流。

出示课件，教师讲述。

3. 简介抗日战争

设问：你们了解抗日战争吗？

学生交流。

教师出示课件，讲解。

4. 习近平主席对于抗日战争暨世界反法西斯战争胜利的论述

教师：（出示课件）所以，习近平主席说：……

【设计意图】用新闻联播的视频创设情境，给孩子一个庄严、严肃的感觉，利用课件，简单讲述"抗日战争胜利日"和"抗日战争"，吸引学生的注意力，引用习近平主席的讲话为下面的活动做铺垫。

（二）走近身边的革命英雄

我们的身边就有很多的革命英雄，周末，"追寻家乡的红色记忆"第一小分队来到了老革命英雄都基卿的家里，大家围坐在一起，听老奶奶讲她从小参加革命的故事。

（1）播放走访微视频。

（2）小分队简介走访过程

（3）小分队分享老奶奶讲的故事。

教师随机采访：你从老奶奶身上感受到了什么？

（4）学生随时补充交流：老奶奶的革命口号。

（5）讲革命小英雄的故事。

在抗日战争时期，有很多年龄和我们一样大小的少年儿童，他们和都奶奶一样，很早就参加了革命，他们不怕苦，不怕累、为抗日战争做出了贡献。谁来给大家分享你搜集到的抗日小英雄的故事？

学生交流故事。教师随机采访小英雄的品质。

【设计意图】走近身边的老革命英雄，让孩子们知道战争离我们并没有多远。通过老奶奶的故事，感受少年儿童在抗日战争中发挥的作用，激发孩子努力学习的信心。

（三）探访家乡的革命烈士

刚才小分队采访了我们身边的一位革命英雄，在抗日战争中，她只是一位普普通通的革命者。在咱们平度的田庄镇还有一位著名的大英雄，他就是刘谦初。有请第二小分队。

（1）播放参观微视频。

（2）小分队简介刘谦初。

（3）小分队分享走进故居后了解的故事，随机采访，挖掘刘谦初的求学精神。

（4）小分队背诵刘谦初的精神口号，并讲述口号的含义。

（5）分享抗日战争的英雄人物事迹。

刘谦初1931年就牺牲了，那时候抗日战争还没有爆发。在我国的抗日战争中有很多的英雄人物，你知道谁？讲一讲他的故事？

（6）视频简介抗日英雄的事迹。

【设计意图】刘谦初虽然不是抗日英雄，却是我们家乡的骄傲。走进刘谦初故居，近距离地了解英雄，了解那段苦难的岁月，激发学生的爱国情。

（四）走进家乡的抗日根据地

刘谦初有一位志同道合的战友就是我们伟大的领袖毛主席。他带领工农群众，建立了许多抗日根据地，终于将日本侵略者赶了出去。我们平度的大泽山就是非常著名的抗日根据地之一，第三小分队利用周末，就走进了大泽山革命纪念馆。

（1）播放参观微视频。

（2）小分队交流走进革命纪念馆后了解的故事（2个）。

（3）其他小分队成员随时补充。

（4）教师相机点拨：地雷战、地道战等。

【设计意图】大泽山革命纪念馆陈列众多，从抗日战争爆发到抗战胜利，资料齐全。带领学生走进去，让学生用实地参观考察的方法进行学习，然后分享给其他同学听，更有价值。

（五）追忆革命烈士，畅谈心得感悟

教师：通过这几天的参观和学习，相信你们一定有很多的感触，谁来交流？

谈体会，话决心。

【设计意图】有学习有收获，通过几天的参观学习、交流分享，到最后的触动心灵，才是活动的最终目的。

（六）激励立志，传承红色信念

你们的交流让我记起了我们那篇激情昂扬的《少年中国说》，让我们再次吟诵。

学生吟诵《少年中国说》。

教师小结：愿你们永远记得你们的使命，不忘初心。今年是中国人民抗日战争暨世界反法西斯胜利75周年，在咱们国家，人民安居乐业，你们幸福生活。然而，还有一些国家却硝烟四起，人民生活在苦难之中。我们作为一名少年儿童，一定要珍惜现在的美好生活，从自身做起，从小事做起，为实现中华民族伟大复兴而奋斗！

【设计意图】《少年中国说》曾在班级的"迎中秋　庆国庆"活动中表演，此时此刻，这个节目的再现，呼应了本届主题班会的主题。教师的小结，更让班队会进一步升华。

（七）活动拓展

"追寻家乡的红色记忆"的步伐不停歇，在咱们家乡平度，还有很多的红色纪念馆，如：（课件出示）旧店：平度的第一个党支部就在这里成立；高平路上五虎将，位于蓼兰镇；杨明斋纪念馆，位于明村镇……本次活动后，我们还会利用节假日和周末的时间，继续追寻家乡的红色记忆，搜集革命英雄的故事，传承红色精神，（班贴）并在学期末举行革命英雄故事会。

情景剧《让每颗星星都闪亮》剧本

开场：呈现段老师上课的情景

（远镜头：朝阳映红东方、学校大门、校园）

（近镜头：从走廊一端慢慢拉近一年级一班班牌，进入教室，伴随着上课铃声，段老师开始上课）

（思想：窗明几净的教室里，段老师的课讲得生动具体，语音语调高低起

伏、抑扬顿挫，学生们的坐姿端正，回答问题的积极性特别高，就连以前的后进生（特写镜头：学生演员）都举起手来回答问题）

旁白：这是一所容纳3000多人的城区小学，这里有一帮认真负责的园丁，这有一套齐全先进的教学设施，更有一群天真烂漫的孩子。清晨，整洁干净的校园里，透过窗明几净的教室，看！孩子们眨着亮晶晶的眼睛，在段老师的引领下，已经在广袤的知识银河里遨游了……

然而，几个月前，他们是这样的……

场景一：刚分班后S5的表现

（M1和S1手拉手急步跑过来，S1一边跑，一边问M1）

S1："妈妈，妈妈，今天都有哪几个小朋友一起玩啊？"

M1："都是你们新班的小朋友，快！咱们不要迟到，要做一个守时的孩子哦！"

S1："嗯！"

（S2、S3、S4围在一起商量）

S2："我提议，咱们一起来玩老鹰捉小鸡的游戏吧，好不好？"

S3、S4合："好啊！好啊！"

（M1和S1到达）

（妈妈们打招呼，S2、S3、S4自动围过来）

S1："大家好，我叫……很高兴和你们成为新同学。"

（S5拘谨地站在旁边，S1看到了跑过去对S5说）

S1："小柠檬，我们一起玩吧！你来当老鹰好不好？"

（S5拽着自己的衣角，低着头小声嘟囔着）"你们玩吧，我不玩了。"

（S1、S2一起走过来，拉着小柠檬的手，把她拉进大家的队伍里）S2："来嘛，来嘛，你这么漂亮，来当鸡妈妈最好啦！"

S5："我……"(说着大家把她拉到了队伍里)

旁白：孩子们熟悉得特别快，一会儿工夫，就高高兴兴地玩到一起了。

孩子退后玩老鹰捉小鸡，妈妈们走向舞台中间

场景二：刚分班后妈妈们的焦虑

S1：亲们，新班级成立后的第一次阶段测验，班里有部分孩子的成绩不理想。有几个很优秀的孩子成绩也下降了，还有几个蛰伏在后面的不动弹。唉！这样下去真愁人。

S2：是啊！尤其是我们一年级的孩子，刚融入了小学生活，就又来了一次分班。这新班级、新同学、新老师的授课方式都要重新适应，成绩肯定会受影响的。

S3：可不，我们家米朵性格本来就有点内向，换新班级后哭过好几回了，说现在的同学都变了，没有以前的好朋友。一换新班就怕她短时间内适应不过来。

S4：嗯嗯，特别是分班后，老师们的工作量加大了，段老师既要担任班主任，还要兼顾两个班的语文，每天精疲力尽。孩子经常回来说，老师嗓子又哑了。以前，老师还可以利用课余时间对不足的孩子进行单独辅导，现在忙得连这个机会几乎都没有了。

S5：我家孩子也是，以前每天晚上回来都要模仿一段老师上课的情景，现在都没这个积极性了。思想工作我也做过很多次了，没办法先入为主，就认以前的老师。

大屏幕展示会议照片或者录像

旁白：分班之后，段老师通过家访和部分家长进行了谈话，发现部分家长对孩子教育重视程度不够，采取"听之任之"的态度。于是她召集了我们班的第一届"家校共育联盟成员"会议，把这些问题说给大家听，她说"全班46个孩子，都是天空中最闪亮的星星。她希望这些孩子齐头并进，不允许任何一个掉队。如何让优秀的孩子更加优秀，让基础弱的孩子得到提升？围绕着这个问题，寻求我们的帮助。最后通过讨论一致决定：组建个"快乐之家同学群"，邀请家长带着孩子周末一起活动。孩子们在玩中增进友谊，互相学习，家长们在聊天中增长见识，取长补短，改进自己在教育孩子过程中的不足之处。

S1：亲们，孩子是我们自己的，不能只依靠老师。

S2：对，你说得对！子不教，父之过。教育不只是老师的责任，家长才是第一责任人。

S3：我们家校共育联盟成员要发挥带头帮扶作用，用我们这十几个家庭的力量，影响其他家庭。

S4：只有我们家长全力配合老师、共同教育，我们的孩子才能越来越优秀。

S5：走到一起就是一家人，让咱们一班这个大集体一起互相学习，共同进步吧！

家长退后，继续交流，孩子们走向舞台中间

孩子们正在玩游戏，S5当小老师上课的情景

场景三：

旁白：一个月之后。（地点：某小型活动场地内）

S5：很高兴"快乐之家"的本次同学聚会由我来主持。首先，向大家汇报一下我家小柠檬这一个月来的进步，从换新班的郁郁寡欢到现在的活泼开朗，从不适应到学得开心。在上周的阶段测验中，也取得了优异的成绩。这一点一滴的进步都离不开段老师和各位家长的帮助，感谢大家！（鞠躬）

S2：在这里我也要由衷地说一句谢谢，以前由于工作的需要，没有好好陪孩子，没有关心过他的学习，多亏咱班这些热心的家长，让我明白，孩子的成长只有一次，错过了就永远错过了，学习基础从小打不牢，以后的"学习建筑"也只能是晃晃悠悠，我以后一定全身心地去陪伴孩子，谢谢你们！

S1：应该的，因为我们是一家人。这是我们"快乐之家"一起努力的结果。（动作，棒）

S3：我们最应该感谢的还是我们最辛苦、最操劳的班主任——段老师。

（家长合："是呀，是呀。"）

S5：恰巧，今天我们的聚会主题是《让每颗星星都闪亮》，来，亮出自己的绝活，进行才艺表演。首先，让我们欣赏我们的大班长小柠檬给我们带来的街舞表演。

（孩子们齐声：小柠檬加油！小柠檬加油！小柠檬加油！）

S1：大家好，我给大家带来的是……

S2：……

S3：……

S4：……

（同学们都进行才艺展示）

结尾：感恩

（放学铃声，段老师把孩子们安全地送出了校门口，背影、挥手，孩子们齐跑上前）

S1：段老师，我给您捶捶背。

S2：段老师，我帮您拿包。

S3：段老师，给您一块糖。

S4：（慢慢靠近段老师，微笑中带点害羞）段老师，今天我把错的生字全部写会了……谢谢您和同学们，这是我自己做的贺卡送给您。（动作）

段老师：谢谢，谢谢孩子们，谢谢你们的礼物，我很喜欢！你们都是最闪亮的星星！

家长们合："谢谢您，老师！您，辛苦了！"（动作，送花、鞠躬）

S5：段老师，段妈妈，抱抱……

（孩子们、老师齐相拥，家长掌声）

谢幕！